Die in diesem Buch geschilderten Handlungen sind fiktiv.

Im verantwortungsbewussten sexuellen Umgang miteinander gelten nach wie vor die Safer-Sex-Regeln.

GAY HARDCORE 13

Aufgebohrt und durchgenagelt

Nick Holzner

BrunoBooks

Gay Hardcore 13

Salzgeber Buchverlage GmbH
Prinzessinnenstraße 29, 10969 Berlin
buch@salzgeber.de

Umschlagabbildung: © Ragingstallion.com
Falcon Studios Group (Model: Drake Masters)
Printed in Germany

ISBN 978-3-95985-380-4

Neue Baustelle – neue Männer

Nicht so laut«, knurrt der Typ hinter mir.

Leicht gesagt! Sein Schwanz ist verdammt dick und fordert mein Loch so heftig heraus, dass ich einfach aufschreien *muss*. Spucke als Gleitmittel reicht bei dem Kaliber nun mal nicht aus. Aber nach und nach werden Muskeln und Gewebe locker und saftig genug, um die harten Stöße wegzustecken. Trotzdem entfährt mir wieder ein lautes Stöhnen, diesmal vor Lust. Der Kerl fasst nach vorne und hält mir eine dreckige Pranke vor den Mund. Ich soll still sein. Die Stelle, die wir uns für unseren Fick ausgesucht haben, ist allerdings wirklich riskant, auch jetzt, bei Nacht. Im Freien, hinter einer der Lagerhallen, stehe ich gegen die Blechwand gebückt und strecke meinem Fickhengst den blanken Hintern hin, lasse mir mit immer größerem Genuss den fetten Kolben in die Muffe knallen. Die Finger schieben sich in meinen Mund und ich schmecke Metallstaub und Motoröl, lecke und sauge trotzdem gierig daran, es erregt mich, dass der Kerl so unbekümmert mit seinem Dreck umgeht. Ohne Vorwarnung spüre ich plötzlich die warme Nässe, die meinen Darm flutet, merke, wie der Saft aus meiner Fotze tropft, während der steife Schwanz weiter fickt. Ich bin so high vor Geilheit, dass ich gar nicht mitkriege, wie ein zweiter Typ dazu kommt und meinen Ficker anspricht. Erst als die beiden heiser lachen und miteinander quatschen (polnisch?), wird mir klar, dass das hier und jetzt passiert. Der Bolzen flutscht aus meinem Loch und hinterlässt eine seltsame Leere, aber bevor ich mich aufrichten kann, packt mich schon der andere, drückt seinen fetten Schwanz durch den Muskelring und schickt derbe Stöße in meine aufgefickte Arschfotze. Schauer der Wollust jagen durch meinen Körper. Mann, der Kerl versteht sein Handwerk! Die blanke Eichel spielt am Locheingang, massiert meine Rosette, aus der unaufhörlich Sperma auf den Schwanz tropft, bis die Kuppe schließlich ein Stück eindringt, mit kleinen, kurzen Strichen die Stelle auskostet – sagenhaft angenehme und flutschige Sache das! – und sich dann tiefer schiebt, bis mein Arsch am haarigen Bauch des Kerls andockt. Sein dicker, fetter Bolzen füllt mich aus, ich spüre jedes Zucken, drücke stöhnend meinen Hintern fest dem Gefühl entgegen und presse meine Muskeln um den harten Schwanz. Sofort spuckt mein eigener, bockharter Knüppel Vorsaft auf den Boden, jede Menge, es will gar nicht aufhören! Der Fickschwanz reibt sich ganz sacht in mir, genießt die Hitze im weichen, nassen Muskelschlauch, führt kleine, kreisende Bewegungen aus, erkundet jeden Winkel. Den neuen Hengst scheint mein geiles Stöhnen nicht zu stören. Ich bin so gierig, dass ich anfange, mir den Schwanz selbst reinzuficken, reite ihn ab, bis der Kerl mich an den Hüften packt, ausholt, sich zurückzieht und dann mit einem brutalen Stoß mein Loch bis zum Anschlag aufreißt. Das macht er gleich noch einmal. Ganz raus – ich halte still – und sofort wieder rein in den geschmeidigen Arschkanal. Geil! Ich bücke mich tiefer, um meine Beine ein bisschen zu entlasten, halte aber weiter meinen Hintern in Position. Der Bursche trifft zielsicher, sein Schwanz steht wie eine Eins. Das gleichmäßige Rein und Raus fühlt sich genial an, und mein Schwengel suppt wieder Vorsaft. Ich hab Lust zu kommen, fass an meine Latte und wichse unter lautem Stöhnen. Beim nächsten Eindringen, als der Hengstprügel erneut meinen Lochring durchstößt und meinen Fickkanal stopft, ist es so weit. Meine Latte zuckt wie wild und ich spritze ab. Fünf, sechs Mal pumpt mein Schwanz Sperma aus den Eiern und der heiße Saft landet auf dem sandigen Boden.

Der Ficker wird von den Kontraktionen meines Höhepunkts mitgerissen und schießt unter grimmigem Knurren seine Ladung in meine Eingeweide. Dann rutscht er aus mir raus. Noch während ich mich erschöpft aufrichte und an der Blechwand abstütze, höre ich, wie der Unbekannte hinter meinem Rücken seinen Reißverschluss und den Gürtel schließt und den Ort des Geschehens wortlos verlässt. Ich hab nicht mal sein Gesicht gesehen.

Ich bin noch ganz außer Atem und versuche, durch Strecken und Ausschütteln wieder Gefühl in die Beine zu bekommen. Muss kurz kichern, als es mir dabei nass über die Schenkel läuft. Ein prüfender Griff nach hinten. Mein Loch ist immer noch weich und aufgefickt und das Sperma tropft einfach so raus. Geil! Einfach Unterhosen und Hosen drüber, dann stapfe ich durch den aufgewühlten Sand und mach mich auf den Weg in meine Unterkunft. Puh, bin noch ganz schön benommen, merke ich bei den ersten Schritten. Grinsend lasse ich das eben Erlebte Revue passieren und krieg schon wieder einen Ständer. Dafür, dass ich mir an meinem ersten Abend auf der Baustelle nur mal einen kurzen Überblick hatte verschaffen wollen, war das schon ganz schön vielversprechend!

Der Block mit den Wohncontainern lag ein gutes Stück weit weg von der Lagerhalle. Das schier endlose Baugelände wirkte jetzt, bei Nacht, wie die Basisstation auf einem verlassenen Planeten irgendwo im Weltall. Kein Mensch zu sehen. Die Kegel von fetten Flutlichtern beleuchteten strategisch wichtige Punkte und ließen die Schatten der riesigen Kräne, der Hallenbauten, der Bohrtürme und Schornsteine des Kraftwerks bedrohlich scheinen. Rote Signalfeuer blinkten in schwindelnder Höhe im Nachthimmel wie Warnzeichen für Raumschiffe, und irgendwo quälte sich eine Eisensäge kreischend durch Metall. So was wie Nachtruhe gab es auf einer Großbaustelle wie dieser nicht, gearbeitet wurde fast rund um die Uhr. Zeit war Geld. Alles nichts Neues für mich, ich jobbte auf Baustellen, seit ich siebzehn war. Und es gefiel mir. Der Verdienst war gut, das Miteinander mit den wechselnden Teams klappte in der Regel bestens, und über Mangel an Sex konnte ich mich auch nie beklagen. Eine Großbaustelle war wie ein eigener Kosmos, aber ohne Frauen. Hunderte von Kerlen ackerten und malochten hart, gaben sich ab und zu die Kante in einer der Kneipen vor Ort und waren durchaus zu überreden, ihren aufgestauten Druck mal mit meiner Hilfe loszuwerden – wenn sie hetero oder halbschwul, also bi, waren. Oder sogar scharf drauf – wenn sie schwul waren. Gefühle störten dabei nicht, das war das Beste daran. Obwohl ich im Lauf der Jahre durchaus mit dem einen oder anderen Typen ein lockeres Verhältnis hatte, blieb es immer unverbindlich, denn wir waren alle nur auf der Durchreise, auf Abruf für den nächsten Job, irgendwo weit weg vielleicht. Damit hatte ich kein Problem, war wahrscheinlich nicht geschaffen für eine feste Bindung und den ganzen Herzschmerz drum herum. Sobald ich merkte, dass einer klammern wollte, brach ich ab. Nix für mich. Ich liebte meine Freiheit viel zu sehr!

Ich stieg die stählerne Treppe hoch zu meiner Behausung und klopfte dabei den Sand von den Stiefelsohlen, so gut es ging. Mein Mitbewohner war ein Mittdreißiger namens Milan, den ich am Morgen nur kurz begrüßt hatte. Der Serbe sprach gut Deutsch und sah auch ganz passabel aus. Nicht, dass mir das wichtig gewesen wäre, aber es machte einfach mehr Laune, mit einem gutaussehenden Kerl die Bude zu teilen. Er saß am Tisch und hatte sein Laptop vor sich, als ich hereinkam. Wortlos nickte er mir kurz zu, bevor er wieder auf den Bildschirm starrte. Das weiße Unterhemd brachte seine muskulösen, gebräunten Arme und die dunkel behaarte Brust gut zur Geltung. Eine feine Goldkette mit Kreuzanhänger schmückte ihn irgendwie optimal, war wohl der Kontrast zu dem sonst so männlich-derben Kerl mit Dreitagebart und öligen, schweren Locken. Ich fragte mich, ob … Nein, für heute war es genug! Ich zog mich bis auf die Unterhose aus, schnappte mir ein Handtuch und ging zum Duschen. Als ich zurückkam, ratzte Milan schon friedlich vor sich hin, obwohl ich höchstens eine halbe Stunde weggewesen war. Wir mussten morgen früh raus, darum schmiss ich mich ebenfalls in die Koje und schlief auch gleich ein.

Um sechs klingelte mein Handywecker. Milan war schon angezogen und hatte Kaffee gekocht. Es gab zwar eine Kantine, aber Kaffeemaschine, Toaster und ein kleiner Elektrokocher waren Standard in den Wohncontainern. Ich fühlte mich frisch genug, machte eine Katzenwäsche über der Spüle und strich Rasieren für heute. Milan war nicht gerade gesprächig, saß schweigend am Tisch und blätterte in einer zerfledderten Zeitung. Das war mir recht, denn auch ich musste erst mal meinen Energielevel tunen. Kaffee half.

»Wo bist du am Arbeiten?«, fragte Milan, während er sich die Jacke anzog und bereit zum Gehen machte.

»Die drei«, antwortete ich. Ich war der Crew zugeteilt worden, die die gewaltige Baugrube für den neuen Anbau des Geothermie Kraftwerks ausheben sollte, etwa vierzig Männer waren das. Milan nickte verstehend. Er sei in Halle acht, bei den Maschinenbauern, erklärte er. Dann war er weg.

Ich wollte keine Zeit verlieren, trank rasch aus, schnappte mir mein Werkzeug und den Schutzhelm und machte mich auf den Weg. Draußen blauer Himmel und alle Anzeichen für einen heißen Sonnentag. Geschäftiges Treiben überall auf der Baustelle. Sie war durch einen hohen Gitterzaun vom Werksgelände des alten Kraftwerks, auf dem der Betrieb wie gewohnt weiterging, getrennt. Mit den Arbeitern von dort würde man also kaum in Kontakt kommen, schätzte ich. Das war durchaus üblich. Manchmal kam es mir vor, als wollten die Auftraggeber sicherstellen, dass ihre braven Leute vor dem ungehobelten Bauarbeiterpack geschützt waren. Die Kerle, aus aller Herren Länder auf der Suche nach dem schnellen Geld für einige Zeit hierhergekommen, ins friedliche Landau in der Pfalz, waren gefährlich, sittenlos und aufsässig. Dreckig und ständig besoffen. Kein Umgang für anständige Menschen. Bei dem Gedanken musste ich grinsen. Oben, auf der anderen Seite des Zauns und ein gutes Stück von mir entfernt, waren ein paar Arbeiter auf dem Weg in ihre Hallen. Keiner redete, alle rannten nur verbissen ihrem Schichtbeginn entgegen. Blöde Spießer! Ich konnte es nicht lassen, bückte mich, riss einen Brocken hartgebackenen Lehm vom Boden und schmiss ihn mit Schwung über den Zaun in Richtung der Gruppe. Lachend rannte ich weiter, wohl wissend, dass ich auf meinem Weg abwärts nicht mehr zu sehen war.

»Heh!«, hörte ich einen mehrfachen Aufschrei, aber das war auch alles. Der kleine Gruß der Männer vom Bauhandwerk an die Brüder der Arbeiterschaft war angekommen. Noch besser gelaunt als sowieso schon, legte ich nach dem gelungenen Streich die letzten hundert Meter bis zu meinem Ziel zurück und meldete mich beim zuständigen Bauleiter.

»Benni Seibold.«

»Günther Menkovitz«, stellte sich der bärtige Mann mit kräftigem Handschlag vor. Damit hatte er die ersten Punkte geholt, denn nach meiner Erfahrung gab es zwei Sorten von Bauleitern: Die Arschlöcher und die, die dich mit Handschlag begrüßen. Anfang vierzig schätzte ich ihn ein, blitzende helle Augen, gut einen Kopf größer als ich. Das karierte Hemd war an den Ärmeln hochgerollt und zeigte beeindruckende Muckies. »Du hilfst dem Trupp da vorne«, meinte er und wies mir die Richtung.

Ich trabte los und nickte den Männern zu, die vor den Baggern standen. Einer von ihnen, ein massiger Kerl mit nackter Brust und jeder Menge Tätowierungen drauf, winkte mich heran. Die verspiegelte Sonnenbrille unterm Schutzhelm erfüllte zusammen mit der grinsenden Bartfresse jedes Klischee vom geilen Bauarbeiter. Mir wurden richtig die Knie weich.

»Hast du 'nen Lappen für das Ding hier?«, fragte er mich und deutete auf einen der vier Caterpillar 330DL. Der kleine Hydraulikbagger war keine Herausforderung für mich. Ich hüpfte in die Fahrerkabine, schmiss den Kasten an und lachte der Sonnenbrille frech zu. Der Kerl lachte zurück und bedeutete mir, wieder zu ihm zu kommen. Also ausschalten und wieder runter vom Bock. Lagebesprechung. Zusammen mit elf Kollegen hörte ich mir konzentriert die Anweisungen von Menkovitz an. Abschnitt und Reihenfolge der Einsätze waren mir schnell klar. Ein paar Details mussten noch mit anderen besprochen werden, dann konnten wir loslegen. Nach den üblichen Anfangsschwierigkeiten klappte alles bestens. Wir vergrößerten die Baugrube und hoben eine Tonne Erdboden nach der anderen ab, die dann von den Lastern abtransportiert wurde.

Keiner von uns hatte Lust, mittags in die aufgeheizten Container zu gehen. Stattdessen machten wir es uns im Schatten der Fahrzeuge so gut es ging bequem. Ein junger

Bursche, Valeriu, hatte schon vorher die Bestellungen aufgenommen und raste nun mit seinem Mountainbike los in Richtung Kantine, um das Futter abzuholen. Es war erstaunlich, was alles in seinen Rucksack reinpasste! Wasserflaschen standen sowieso für alle in der Nähe bereit, aber Valeriu brachte außer den Dutzenden von Fresspaketen auch ein paar gekühlte Biere mit. Genial! Geredet wurde kaum, alle waren erst mal mit Essen beschäftigt. Während auch ich hungrig in mein Grillfleisch-Sandwich biss, musterte ich meine Kollegen einigermaßen unauffällig. Ich hatte auf dem Trittbrett meines Baggers Platz genommen. Am nächsten zu mir saß einer der anderen Fahrer auf einem Getränkekasten. Er hatte dieselben Latzhosen im Cargostil an wie zwei weitere Typen, die sich zu ihm gesetzt hatten. Grau mit roten Taschen und Schlaufen und so. Sah gut aus. Die Marke mit dem weißen Strauß war nicht umsonst beliebt unter Handwerkern und Bauarbeitern. Als unser Blick sich traf, zwinkerte er mir freundlich zu, kaute dabei grinsend, und auch die beiden anderen nickten kurz zu mir rüber. Ich hob meine Wasserflasche und prostete ihnen zu, aber mehr Kontakt gab es erst mal nicht. Das erlaubte mir, die drei Kerle zu mustern. Alle waren so Mitte dreißig. Der Zwinkerer hatte Millimeter kurzgeschorenes, dunkles Haar und war im Gesicht glattrasiert. Breiter, sinnlicher Mund. Als er lachte, erkannte ich eine deutliche Lücke zwischen den oberen Schneidezähnen. Sexy! Die beiden anderen trugen kleine Wangen- und Kinnbärtchen. Die Ohren des kleineren waren getunnelt und die flächigen Tätowierungen an Armen und Hals sahen echt klasse aus. Der dritte sah dagegen wie ein braver Familienvater aus, hatte einen deutlichen Bauch in der Latzhose. Auch er hatte sein T-Shirt längst ausgezogen. Brust und die kräftigen Arme waren dicht und dunkel behaart, und der braune Wuschelkopf ein weiterer Pluspunkt. Auf ihm blieb mein Blick am längsten hängen. Ich steh auf typische Heteros, Bauch hin oder her. Der Gedanke, mich an seine haarige Brust zu schmeißen und die Nase in seinen Achseln zu vergraben – hhmmm, ich konnte mir gut vorstellen, wie der warme Schweiß des Kerls duftete …

Bevor ich ins Starren verfiel, sah ich mich lieber weiter um. Der Anblick der Männer, die alle munter ihre Lunchpakete mampften, machte Laune. Bis auf zwei, die eher klein waren und richtige Kugelbäuche vor sich her trugen, konnten sich alle anderen wirklich sehen lassen. Wie üblich saßen die Polen beieinander, genau wie die Türken und Bulgaren, aber während der Schicht gab es keinen Unterschied, alle waren gewohnt, sich zum Team zusammenzufinden. Manchmal konnten Männer durchaus unkompliziert sein. Wie zum Beweis stand einer – ein Pole? – auf und stellte sich an die Grubenwand zum Pinkeln. Sofort kam ein zweiter, dann ein dritter dazu, jeder aus einer anderen Runde, und unter Späßen und Gelächter schlugen die drei nebeneinander ihr Wasser ab. Ich musste grinsen.

Es dämmerte schon, als wir für heute Schluss machten. Zwölf-Stunden-Schichten waren durchaus üblich, solange das Wetter mitspielte. Dafür gab es dann wieder Tage, an denen wir verkürzte Schicht hatten, wenn es in Strömen schüttete oder stürmisch war. Die Zahnlücke – Michi, wie ich inzwischen wusste – und seine beiden Kumpels Jochen und Robert wohnten im gleichen Komplex wie ich, darum trabten wir gemeinsam den Weg zurück, quatschten über die Fortschritte und ein paar Pannen, die passiert waren. Fast zeitgleich trafen wir uns danach in den Nassräumen, zwanzig Duschen – je zehn in zwei Reihen einander gegenüber – und ein Vorraum mit Bänken, Waschbecken- und Spiegelreihe, beinahe Luxus. Neugierig lugte ich zu Robert hinüber, der sich die Haare an Brust und Bauch einschäumte und auch den fleischigen Schwanz ausgiebig einseifte. Irgendwie machte mich auch der Ehering an, das war so ein Ding von mir. Beinahe ärgerte ich mich darüber, dass das inzwischen kein Privileg der Heteros war. Schon einige Male war ich darauf reingefallen, nur um später mitzukriegen, dass mein Traumhetero mit einem Mann verheiratet war. Auch an Jochens tätowierter Hand glänzte ein Ehering, aber bei dem war ich mir ziemlich sicher, dass er für beide Teams spielte. Zu eindeutig und lange fummelte er sich unter Quatschen und Späßen an Schwanz und Arsch herum, wo doch eigentlich nur Säuberung Thema sein sollte. Er spähte auch für mein Gefühl einen Tick zu lange auf meine Teile. Hatte dabei einen netten Halbsteifen, der allerdings Lust auf mehr machte und auch bei mir zu einer gewissen Verdickung führte. Zahnlücke Michi blieb relativ unbeteiligt, stand lange einfach nur da und ließ das heiße Wasser über seinen breiten Rücken laufen. Das Ding, das zwischen seinen Beinen baumelte, machte mir aber ziemlich den Mund wässrig. Mmmhhmm, wie gerne hätte ich mich davorgekniet und daran genuckelt, bis es steif war. Man konnte leicht ahnen, dass es zu einem ordentlichen Kaliber anwachsen würde.

Die beiden anderen waren zwei jüngere Türken, die ganz

schön aufgedreht waren. Sie lärmten und schubsten sich und rannten ständig umeinander wie zwei spielende Hunde, wenn auch in einigem Abstand zu uns. Und dann kam auch noch die Bartfresse rein, ohne Sonnenbrille. Seinen blankrasierten Schädel trug er mit sichtlichem Stolz, da passte auch der Schriftzug auf der Brust, den ich jetzt inmitten der anderen Tätowierungen entziffern konnte: *Son of a Bitch*. Und ein leckerer Schwengel und dicke Eier rundeten das Gesamtpaket ab. Ein echt geiler Machotyp, da könnte ich sofort schwach werden. Jochen, Robert und die beiden Türken waren schon raus und am Abtrocknen. Ich wollte nicht gleich auffällig werden, würde die Gesamtlage lieber noch ein paar Tage studieren, darum beendete ich meine Dusche – wenn auch schweren Herzens – und trabte in den Vorraum. Gerade als ich auf der Bank saß, kamen auch Michi und die Bartfresse dazu. Klar stellte sich die Bartfresse direkt neben mich und rubbelte sich mit dem Handtuch trocken. Dabei baumelte der fette Schlauch neben meinem Gesicht, als ich mir im Sitzen die Sneakers zuband. Als ich hochäugte, traf mich der eiskalte Blick des Typen, wahrscheinlich hatte er gemerkt, wie ich seinen Dödel ins Visier nahm. Aber noch bevor ich mich wegdrehte, sah ich sein dreckiges Grinsen. Ich hielt inne und der Kerl zwinkerte mir zu, ließ dabei seinen Schwanz einmal aufzucken. So eine Drecksau! Ich widmete mich wieder meinen Sneakers, total verwirrt. Und geil.

»He, Benni«, rief Michi, »wie sieht's aus, Lust auf Kartenspielen? Poker und so?«

Ich horchte auf. Tatsächlich hatte ich gegen ein gutes

Spiel nichts einzuwenden. »Klar, warum? Habt ihr ’ne Runde?«

»Na ja, ’ne kleine. Mit dir wären wir zu dritt. Ich, du und Wilhelm hier.« Er deutete auf die Bartfresse. Der grinste wieder, diesmal eher unverbindlich.

Mir wurde mulmig zumute, aber durchaus angenehm. Allein schon der Gedanke, mit den beiden Kerlen in der engen Baubude zusammenzusitzen, zu zocken, zu saufen, zu rauchen und wer weiß was noch … Geil!

»Nach dem Essen?«, fragte ich. Die beiden stimmten zu und beschrieben mir die Lage ihrer Bude.

Mein Herz pochte wie verrückt, sogar noch, als ich bei mir angekommen war und die Tür hinter mir schloss. Mann, das wurde ja immer besser hier! Es roch unverkennbar nach Abenteuer, und das am zweiten Tag!

Von meinem Mitbewohner Milan keine Spur, darum hatte ich noch ein wenig Ruhe, bevor ich zum Essen in die Kantine ging. Michi und dieser Wilhelm saßen in einiger Entfernung, und die Männer neben mir kannte ich noch nicht, sodass ich mich neben dem nötigsten Smalltalk ganz aufs Essen konzentrierte. Ich hatte gar keinen richtigen Hunger, war viel zu aufgeregt, aber es schadete sicher nicht, wenn ich mich vor dem Spiel mit den beiden Kerlen ein bisschen kräftigte. Wie auch immer dieses Spiel ausgehen mochte …

Containerspiele

Hier links die Stufen rauf, da muss die Nummer 315 sein. Manche Türen stehen offen, der eine oder anderen Kollege sitzt in der Bude, manche haben sich einen Stuhl davorgestellt und genießen den lauen Sommerabend im Freien, rauchen eine Kippe oder sind am Handy beschäftigt. Keiner beachtet mich, als ich vorbeigehe und aufwärtssteige. Auch bei 315 ist die Tür weit geöffnet. Ich begrüße die Bartfresse – Wilhelm, nicht Willi, wie er mir schon klargemacht hat – und nehme auf dem angewiesenen Stuhl Platz.

»Michi holt noch was zu trinken«, erklärt Wilhelm, dreht den Stuhl um, setzt sich, die Arme auf der Lehne verschränkt, beugt sich vor und grinst mich wieder so geil an, fixiert meinen Blick. »Bist du fit genug nach der Schicht heute?«

»Klar. Fand ich gar nicht so schlimm.«

»Dann ist ja alles okay.«

Komische Frage, komischer Kommentar. Ich suche nach einem anderen Thema. »Wie sind die Einsätze?«, frag ich ihn.

Wilhelm erklärt mir Mindest- und Höchsteinsatz, es

geht um Cent-Beträge, also keine große Sache. Soll mir recht sein. Wenn's gut läuft, wird das ein netter Abend. Langsam entspanne ich mich. »Willst du nicht deine Sonnenbrille aufsetzen? Wegen *Pokerface* und so«, ziehe ich den Macho auf und grinse frech.

Er grinst zurück. »Hat dir wohl gefallen, Kleiner, was?«

Sein Blick brennt sich in meine Hirnwindungen, mir wird richtig heiß unter der Schädeldecke. »Keine Ahnung. Soll mir wohl gefallen, Kleiner, was?«, kommt meine Gegenfrage trotzdem so cool wie möglich. Ich halte dem Blick stand.

Wilhelm muss lachen, und ich lache mit. Die Situation ist irgendwie gelöst. Nicht geklärt, aber gelöst. Alles gut. »Du bist echt 'ne Nummer«, meint er mit so was wie Anerkennung.

»Hast du was zu trinken? Hab leider nichts mitgebracht.« Ich hab einen trockenen Mund und weiß auch gar nicht, was ich sagen soll auf die Bemerkung. Wilhelm holt zwei Bier aus dem Mini-Kühlschrank und reicht mir eine Flasche. Ich knacke den Kronkorken mit dem Feuerzeug, proste ihm zu und nehme einen Schluck.

Geräusche hinter mir und Michis Stimme. »He, ihr Kameradenschweine, das wievielte is'n das schon?«

Wilhelm lacht wieder und kratzt sich überm Shirt an der breiten Brust. »Alles *easy*, Michi, grad erst aufgemacht.« Vor meinem inneren Auge sehe ich ihn nackt, wie vorhin unter der Dusche. Der Schriftzug. *Son of a Bitch.* Mein Schwanz meldet sich …

Ich begrüße Michi kurz, warte, bis die beiden die Drinks verstaut haben. Netter Anblick, als Michi sich bückt und die Ritze zu sehen ist, weil die Hose bisschen tiefer hängt.

Schließlich geht's los. Wilhelm gibt, gewinnt auch gleich, und wir nehmen Fahrt auf. Nicht in puncto Spielgeschwindigkeit, sondern stimmungsmäßig. Es gefällt Wilhelm nämlich, den Psychotrip zu fahren, jedem abwechselnd ewig in die Augen zu starren, mal megacool, mal auf die Witzige, und mit fiesen Sprüchen, um uns aus der Reserve zu locken. Michi und ich machen mit und haben mächtig Spass dabei. Vor allem, weil Wilhelm jetzt doch eine Runde nach der anderen verliert.

»Ich seh euch beiden genau an, dass ihr diesmal nichts auf der Hand habt«, versucht er erneut, uns zu reizen. Er erhöht den Einsatz. Aber es gibt keinen Grund für mich, klein beizugeben. Mein *Full House* ist gewinnverdächtig. Und tatsächlich kann ich wenig später die paar Euro einstreichen und spare nicht mit Spott.

»Du solltest ein bisschen mehr zu bieten haben, wenn du so auf dicke Hose machst«, meine ich gespielt streng. Michi kichert.

»Ach«, stöhnt Wilhelm wie unter größtem Schmerz, »ich bin nur noch nicht so richtig warm.« Er steht auf und holt Tabak und Papers aus der Hosentasche, rollt sich gemächlich eine Tüte und erklärt, dass er uns nur in Sicherheit wiegt, um uns nachher eiskalt abzuzocken. »Ihr werdet schon sehen, wie sich das Blatt gleich wendet.« Er zündet das Ding an und nimmt einen tiefen Zug. Noch einen. Gibt dann weiter an Michi, der es ihm nachtut. Ich merke sofort, dass das Zeug ziemlich reinhaut, als ich jetzt dran bin, aber durchaus angenehm. Der Dübel kreist, und

Wilhelm seufzt zufrieden, bekommt plötzlich einen Hustenanfall, über den Michi und ich schadenfroh lachen, bekifft wie wir sind.

»Scheiße, Mann«, röchelt Wilhelm und versucht, sich in den Griff zu kriegen, während er selber abwechselnd lacht und hustet. Endlich atmet er erleichtert auf und blickt mit hochrotem Kopf in die Runde, seine Augen sind rot unterlaufen und glasig von der Anstrengung. Er lehnt sich auf den Tisch und packt sich unvermittelt zwischen die Beine. »Das blöde ist: Das Zeug macht mich immer schweinegeil.«

Michi stöhnt entnervt auf. »Oh Mann, jetzt geht das wieder los«, meint er kopfschüttelnd. »Ja, wir wissen schon, das Zeug macht dich geil und du kriegst 'ne Latte davon.« Er kennt offensichtlich die Wirkung, die das Dope auf seinen Kumpel hat, und das Gerede darum. Ich nicht, darum finde ich die Situation eher seltsam.

»Ja, na und?«, braust Wilhelm entrüstet auf, kann sich aber ein Grinsen nicht verkneifen. »Da kann ich doch nix dafür, das ist halt so.« Wie zum Beweis steht er vom Stuhl auf und schlägt mit der flachen Hand auf seinen Ständer. Die Verdickung ist in der Hose deutlich zu erkennen, verläuft schräg nach links unten in der Leistengegend.

»Du verlierst gleich, hundertprozentig, wenn dein Hirn so blutleer ist«, meine ich kichernd.

»Nicht, wenn ich mir einen runterhole, bevor's weitergeht«, kommt es von Wilhelm. Meint er das ernst?

Michi entfährt wieder ein Stöhnen. »Oh Scheiße, auch das noch. Okay, komm, hol ihn raus und mach, was du willst, aber lass uns endlich weiterspielen.«

Die zwei geben wirklich ein komisches Paar ab, mir ist noch nicht richtig klar, was da läuft … Wilhelm packt wirklich seinen Dödel aus und schlenkert das fleischige Ding kichernd hin und her. »He, wer die nächste Runde verliert, bläst mir einen.« Der riesige Kerl hüpft aufgeregt hin und her wie ein kleiner Junge, hält dabei immer noch seinen Schwengel in der Hand. Michi sinkt in gespielter Verzweiflung mit dem Kopf auf die Tischplatte. »Du spinnst«, seufzt er resigniert.

»Und wenn du verlierst? Was wahrscheinlich auch passieren wird?«, will ich wissen.

»Dann blas ich mir selber einen«, kontert Wilhelm.

Ich sehe Michi fragend an, der zur Bestätigung mit den Augen rollt. »Der kann das«, erklärt er trocken.

Das wird ja immer absurder hier. »He, was ist, spielen wir weiter oder was?« Mir wäre es am liebsten, wenn die beiden wieder runterkommen. Oder wenn ich ganz schnell das nächste Spiel verliere und an den Schwanz kann …

Wilhelm setzt sich zwar, zieht aber gleich wieder an der Tüte, gibt weiter, fasst unter den Tisch und stöhnt wohlig. Drecksau! Unwillkürlich muss ich lachen, weil dieser Abend echt schräg ist. Michi raucht jetzt ruhig ein paar Züge, gibt dann weiter. Ich inhaliere, stell mir Wilhelms Latte unterm Tisch vor, wie er sie wichst, merke, wie mein eigener Schwanz schwer wird. Dann kommt die Hand hoch, und Wilhelm mischt die Karten mit seinen Wichsgriffeln. Michi scheint das nicht aufzufallen, und mir ist es egal. Na ja, irgendwie macht es mich sogar geil. Ist so ein Ding von mir. Wilhelm teilt aus, und schon auf den ersten Blick sehe ich, dass ich ganz schön mauern muss, um zu verlieren bei dem Spitzenblatt. Drei Könige sind schwer zu schlagen. Nicht auszudenken, wenn ich jetzt was verschenke und nachher auffliege, wenn die anderen meine Karten aufdecken. Bloß, weil ich an den Schwanz will! Ich grinse bei dem Gedanken, bin mir ziemlich sicher, dass das höchstens einen Lachanfall der beiden zur Folge hätte. Dennoch spiele ich lieber ernsthaft. Und gewinne. Das schlechteste Blatt hat Michi.

»Scheiße, Mann«, meint er kopfschüttelnd und nimmt einen kräftigen Schluck aus der Pulle. Und dann geht er tatsächlich ans Werk! Ich kann es kaum glauben, fühle mich wie im falschen Film, als ich zusehe, wie Wilhelm seinen Stuhl umdreht und Michi sich zwischen seine Beine kniet. Er nimmt den halbsteifen Schwanz in die Hand und setzt ohne Umschweife die Lippen an die Kuppe, die noch von der Vorhaut bedeckt ist. Wilhelm seufzt wohlig auf, lehnt sich zurück und verschränkt die Arme hinterm Kopf, während Michi sich um den Schwanz kümmert. Das macht er ziemlich professionell, stelle ich fest und greif an meine Beule, weil ich ganz schön geil werde. Wilhelms Teil pumpt sich schnell auf, wird dick und groß, fordert Michi einiges ab, doch der scheint ein geübter Schwanzlutscher zu sein, denn er schafft es, die saftige Latte bis zum Anschlag zu schlucken. Und mehr noch – Michi genießt es richtig, den Schwanzkolben zu verwöhnen, leckt das Ding mit weit herausgestreckter Zunge von oben bis unten ab, bevor er es wieder in seinem talentierten Maul versenkt.

Schön und gut, die beiden sind wohl mehr als nur Arbeitskollegen, aber was ist mit mir? Als ob er meine

Gedanken gelesen hätte, dreht sich jetzt Wilhelm zu mir. »Willst du mitmachen?«

Statt einer Antwort stehe ich auf, gehe um den Tisch herum und stelle mich neben ihn. Er schlingt im Sitzen einen Arm um meine Hüfte und zieht mich näher, drückt seine bärtige Fresse an meine Hosenbeule, sucht und findet die Umrisse meines Ständers, kaut daran herum. Ich fasse seinen Kopf und presse ihn fest in meinen Schoß, fühle, wie der heiße Atem durch den Stoff der Hose brandet. Wilhelms rasierter Schädel ist glatt und erhitzt, meine Hände gleiten weiter, unters T-Shirt, am breiten Rücken entlang, während mein Hosenstall aufgeknöpft und der steife Schwanz umgehend vom warmen Lutschmaul in Empfang genommen wird.

Michis Blick trifft meinen, bevor er meinen Schwanz ins Auge fasst, noch immer den dicken Prügel von Wilhelm zwischen den Lippen. Es ist klar, wir sind jetzt alle drei auf dem gleichen Level, keine Scheu mehr, keine Scham, nur noch entspannte Geilheit, wenn's so was gibt. Auf alle Fälle will ich mein Shirt loswerden, also ausziehen und weg damit. Wilhelms gekonntes Blasen hat mein bestes Stück inzwischen ordentlich hart gemacht, und ich kann Michi ansehen, dass er ran will. Er zieht sich zwar nach wie vor den fetten Knüppel rein, beäugt aber dabei höchst interessiert meinen Striptease und meine Zuckerstange.

Wilhelm kriegt das irgendwie mit, steht auf und stellt sich neben mich, sodass Michi nur ein bisschen näher rutschen muss, damit er uns beide verwöhnen kann. Der lässt sich nicht lang bitten und geht ans Werk, züngelt um die aneinanderliegenden Eicheln. Geil! Wilhelms Schwanz ist länger und dicker als meiner, aber nicht viel. Michi macht es Spaß, sich jetzt beide abwechselnd tief in die Kehle zu schieben und ein paar Mal schnell hintereinander heftig reinzuficken. Sein Maul trieft vor Speichel und er prustet und würgt dabei, aber er lässt nicht ab. Jetzt ist meiner wieder dran, ahhhh …

Wilhelm fasst mich am Nacken und drückt mir seine Lippen auf den Mund. Der dichte Schnurrbart kitzelt geil unter meiner Nase. Unsere Zungen begrüßen sich und finden Gefallen aneinander. Der kann küssen! Ich drehe mich näher zu ihm, ohne Michis Blaskonzert zu unterbrechen, und jetzt können wir richtig knutschen. Meine Hände wandern von seinem Hals über den Rücken und die breiten Schultern, die Oberarme, zurück über den Rücken. Die Muskeln, die Kraft – das macht mich tierisch an.

Michi röchelt und würgt, weil Wilhelm seinen Kopf fest an sich presst und ihn gnadenlos in die Kehle fickt. Ich sehe runter und beobachte das geile Schauspiel, bis Wilhelm Michis Kopf freigibt und der das Hammerteil ausspuckt, nach Luft schnappt und mit der Hand vorm Mund versucht, seine Spucke in den Griff zu kriegen. Dann aber blickt er schon wieder hungrig auf meine Latte, mit vor Anstrengung gerötetem Gesicht, aber auch einem geilen Grinsen. Seine herausgestreckte Zunge bettelt um den Schwanz. So eine Drecksau. Die Zahnlücke ist einfach mega sexy! Ich klopfe mit der blanken Eichel ein paar Mal auf die Zunge, auf Wangen und Stirn, dann wieder auf die Zunge, bevor ich ihm meinen Saftschwanz tief ins aufgesperrte Maul ramme. Und wieder raus. Und rein. Jedes Mal spüre ich, wie meine Kuppe in die enge Kehle einfährt, sie dehnt. Mit der rechten Hand halte ich den Kopf fest in Position und ficke nun richtig rein in das geile Gefühl. Michi grunzt und stöhnt, wehrt sich aber nicht wirklich. Es gefällt ihm, so als Maulfotze benutzt zu werden.

»Hast du Bock auf seinen Arsch?«, raunt mir Wilhelm ins Ohr, das er mit breiter Zunge ableckt. Ich erschauere wohlig, bin echt entspannt und geil. Mein absoluter Lieblingszustand.

Besser, wenn ich mal einen kurzen Break mache, sonst wird's *zu* schön. Ich lass Michi los. Wieder muss er nach Luft schnappen, sein Gesicht ist noch röter als vorhin. Er steht auf, und obwohl er hustet und spuckt, zieht er sich im Stehen die Schuhe aus, dann die Hosen und Unterhosen. Wilhelm und ich ziehen uns auch aus, schweigend und so schnell es geht. Alles kann jetzt noch passieren. Drei Kerle, so viele Möglichkeiten. Aber Wilhelm hat mir schon ein Stichwort eingeflüstert. Es wirkt. Ich sehe nur noch Michis Arsch. Lecker. Sehr lecker! Satte Backen. Am Oberschenkel dichte schwarze Haare, die genau unterm Hintern stoppten, nichts als glatte, blanke Haut dort. Beine, Hüften, Rücken, Schultern, alles an dem Kerl ist männlich und schön, wie von einem Bildhauer erfunden. Als er splitternackt ist, kniet er sich vor mich und nimmt gleich meinen Schwanz wieder in seinem Mund auf. Ich beuge mich über seinen Rücken und greife ihm an den prallen Arsch. Mmmhhmm, fühlt sich gut an! Ich kann nicht widerstehen und verpasse ihm eine mit der flachen Hand. Michi seufzt auf.

»Mach ihn mir nicht kaputt«, kichert Wilhelm irgendwo hinter mir. Er sitzt nackt auf einem Stuhl und wichst, ganz langsam. Ich merke ihm an, dass er es genießt, uns zuzusehen.

Meine Hände streicheln jetzt die Arschbacken, ein Finger fährt durch die Ritze, reibt die zarte Rosette, holt Feuchtigkeit aus ihrer Mitte. Ich rotze eine Ladung Spucke auf die Stelle, treffe nicht genau und verteile das Zeug, bis ich mit dem Finger eindringe. Der enge Ring gibt nach, innen heißweiches Gewebe, am Finger saugend, hungrig auf einen Fick.

Ohne meinen Schwanz aus dem Mund zu lassen, kommt Michi mit dem Hintern hoch und dreht ihn, sodass ich weiter sein geiles Loch abfingern kann, während er mich bläst. Wilhelm kann von seinem Platz aus alles gut beobachten. Besonders, als Michi nun genug vom Blasen hat, meinen Riemen noch mal ordentlich nass lutscht und mir dann seinen Arsch hinstreckt. Er beugt sich über die Stuhllehne, legt den Kopf auf die verschränkten Arme und wartet. Ich höre sein Atmen. Erregt. Schnell, aber ruhig und gleichmäßig.

Ich knie mich hinter ihn, streichle mit ausgestreckten Händen beide Beine hoch, bis die Daumen innen unter den Backen landen. Ich massiere den fleischigen Männerarsch, die Daumen wandern in die Mitte, treffen sich am Lochrand, massieren ihn, ziehen ihn auseinander. Meine Zunge kitzelt die sensible Haut, leckt in die Öffnung hinein, zieht breit und nass darüber hinweg. Schließlich schlabbere ich an dem saftigen Loch, mit immer größerer Lust, bis es puckert und zuckt. Ich höre mein eigenes Grunzen. Mann, bin ich geil jetzt! *Das* ist mein absoluter Lieblingszustand! Ich stell mich hinter den Ballerarsch und bring meine Flinte in den Anschlag. Stupfe die blanke Eichel kurz in die Mitte des Ziels. Michi stöhnt. Bisschen Spucke noch, und rein damit. Der Muskelring schmiegt sich um meine Kuppe, die ich sofort wieder zurückziehe. Michi stöhnt, hat die Augen geschlossen und verharrt reglos. Ich führe die Schwanzspitze übers angefickte Loch, reibe sie an der Rosette, die Haut ist zart und flutschig. Rein damit, tiefer diesmal, ein paar Zentimeter vom Schaft hinterher, kurze Fickstöße, dann wieder raus … Hör Michis Stöhnen. Ach scheiß drauf! Spucke auf die Hand, auf den Schwanz schmieren – und ich steig ein. Der Kerl kommt mir sofort entgegen, drückt unter geilem Stöhnen seinen Arsch fest auf meinen Bolzen, presst seine geübte Muskelfotze eng um ihn. Ich schicke den nächsten Stoß rein, dann eine ganze Salve, komme auf Touren in der heißen Kiste, packe ihn an den Hüften und bocke das Bückstück richtig durch. Michi klammert sich an die Stuhllehne und stöhnt in einer Lautstärke, die garantiert und unmissverständlich durch die dünnen Blechwände geht. Aber sein Arsch lässt sich so genial und willig ficken, dass mir das egal ist. Außerdem kommt Wilhelm ran und schiebt ihm seinen dicken Schwanz ins Maul. Das dämpft das Stöhnen, bis es zu einem wohligen Grunzen wird. Wilhelm grinst mich über Michis Rücken an, und ich grinse zurück, während wir die Löcher stopfen. Meine Stöße sind langsamer jetzt, ich will die Fotze richtig spüren, fick in jeden Winkel, den ich finde. Gut fühlt sich das an, echt gut, mmmhmm. Trotzdem lasse ich Wilhelm ran, denn geteilte Freude ist doppelte Freude. Ich bleib stehen und seh zu, wie die Drecksau eine Ladung Spucke auf seinem Hammerteil platziert, sie verteilt und dann den Schwanz ansetzt. Die Vorhaut zieht er nicht ganz zurück, nur ein kleiner Teil der Eichel lugt hervor und schlüpft jetzt ins aufgefickte Loch. Mit einem wohligen Seufzen versinkt der Rest des fetten Prügels in den Tiefen des anderen Kerls. Nass und glänzend taucht er wieder auf. Ich kann nicht anders, muss mich runterbeugen, ihn nehmen und ihn ihm Mund haben. Weil's schmeckt und nicht so einfach ist aus der Position heraus, gehe ich in die Hocke und jetzt klappt es: Ein Anlauf, zwei, und ich schlucke den Fickschwanz bis zur Wurzel. Geil! Wilhelms Hand hält meinen Kopf, er fickt meine Kehle; das dicke Ding steckt in meinem Hals und fickt gegen jeden Widerstand und fickt und fickt. Kaum auszuhalten …! Gerade rechtzeitig gibt Wilhelm mich frei und ich bekomme wieder Luft. Sehe gebannt zu, wie sich neben meinem Gesicht der triefende Schwanz – von meiner Spucke! – ins Fotzenloch schiebt. Verschwindet. Wilhelm dockt an und packt Michis Hüften und fickt. Kurze, harte Stöße. Dann hab ich den Schwanz wieder vor Augen und bin sofort wieder mit meinem Maul zur Stelle. Ist das geil! Wilhelm fickt wieder Michis Arsch, dann lutsch ich noch mal und steh dann aber auf. Genug Unterbrechungen, zu viel Dampf drauf bei uns allen. Ich überlass Wilhelm den Knackarsch und will mir Michis Maulfotze vornehmen. Wilhelm zieht seinen Kumpel jetzt nach Strich und Faden durch, und der hält nur zu gern seine geile Kiste hin, das ist ganz klar zu sehen. Und macht mich an. Michi hat Mühe, sich auf dem wackligen Stuhl zu halten, so heftig knallt ihm Wilhelm die Ficklatte in die Muffe. Trotzdem sagt mir der hungrige Blick auf meinen Ständer, dass er drauf steht, wenn ihm beide Löcher gestopft werden. Einladend streckt er mir die lange Zunge entgegen. Er hebt den Kopf und lässt sich den harten Schwanz ins Maul schieben, nach ein paar Anläufen auch bis tief in die Kehle. Ich drehe seinen Kopf ein Stück, halte ihn fest, will sehen, wie der Kerl meinen Prügel schluckt, er klammert sich an mich, sucht Halt bei mir, findet ihn und lässt sich jetzt noch besser *deepthroat* ficken.

»Ich komm gleich«, röchelt Wilhelm, während er mit gebremsten Stößen seinen Schwanz in die Fotze treibt, um das Gefühl auch ja so intensiv wie möglich zu genießen – wie gut ich das kenne! –, und gleich darauf stöhnt er und schüttelt sich unterm Orgasmus. Er pumpt sein Sperma in den Kumpelarsch, wow!

Ich löse mich vom Blasmaul und gehe wichsend näher an das Schauspiel ran. Knurrend schüttelt sich Wilhelm ein letztes Mal, bevor sein Schwengel aus der klitschnassen Fotze gleitet. Klar, dass ich das Ding sofort ablutsche und mir den geilen Geschmack auf der Zunge zergehen lasse. Wilhelm hat nichts dagegen, dass ich ihn aussauge, bis er schlapp und leer ist. Dann erst stehe ich auf, lecke mir die Lippen und knutsche mit Wilhelm. Wieder kitzelt der Bart geil. Mmmhmmm.

Die Vorfreude auf den kommenden Fick tropft aus meinem Pissschlitz, seimiger Schwanzsaft, den ich auf der Kuppe verteile. Ganz langsam dringe ich ein, fahr drauf ab, die frisch besamte Arschfotze zu ficken, hör mich selbst stöhnen. Michi hält völlig still. Drin jetzt – Mann, ist das geil! – und rein und raus. Heiß und nass schmiegt sich das

Fickfleisch um meinen Schwanz, kitzelt und reizt und massiert ihn. So eine kleine Nutte. Der Bursche kann mit seiner Fotze wirklich umgehn! Ich brauch Tempo und merke gleich, dass das auch Michi gefällt. Er legt seinen Kopf seitlich auf den Arm und stöhnt geil auf. Schneller jetzt, richtig rein.

Ein Griff nach unten beweist mir, dass Michi einen knallharten Ständer hat und am Wichsen ist. Sein Stöhnen und der Ausdruck im Gesicht kündigen seinen Orgasmus an. Jedenfalls scheint er kurz davor zu sein. Dann will ich auch kommen! Also nächster Gang und das Loch richtig knallen. Die Fotze schmatzt bei unserem Ritt, nass von Sperma und Saft, wie sie ist. Das Gefühl, in diesen butterweichen Kerl reinzuficken, ist einfach megageil. Langsamer wieder, dann bummbummbumm, dann wieder langsam – aaaaahhhh, ist das geilgeilgeil! Der Druck in meinen Eiern baut sich auf, und als sich die Rosette um meinen Schwanz verkrampft bei Michis Abgang, lege ich mich richtig ins Zeug. Die Reibung im pulsierenden Gewebe treibt meinen Saft hoch, kein Grund, ihn zurückzuhalten, ich spanne, spanne – und schieß ab! Einen Spritzer nach dem anderen, ohne die Stöße zu unterbrechen, rein in das weiche, heiße Fickloch, bis die komplette Ladung drin ist.

Mit einem grimmigen Knurren kommt Wilhelm vor Michis aufgesperrtem Maul zum zweiten Mal zum Höhepunkt und füttert es mit seinem weißen Geilsaft. Michi schleckt alles auf, um dann den Schwengel noch mal ganz tief reinzunehmen und auch die letzten Tropfen auszusaugen.

Die Nummer hatte uns allen gut getan. Nackt und entspannt saßen wir noch über zwei Stunden zusammen, rauchten, tranken, quatschten, hörten Radio, und ab und zu fummelten wir ein bisschen aneinander rum. Aber das war nicht mehr das Hauptthema nach dem geilen Sex. Trotzdem konnte ich es nicht lassen, die beiden Kerle immer mal wieder anzufassen, hob auch mal einen Fuß von Wilhelm hoch und nuckelte an den Zehen. Wir saßen wieder am Tisch, er hatte sich zurückgelehnt und die Beine lang über meine gelegt. Er hatte schöne Füße, darum ergab es sich beinah natürlich, dass ich sie erst streichelte und dann in den Mund nahm. Ich leckte sogar die Sohlen und züngelte zwischen seinen Zehen, was ihn zum Kichern brachte. Allerdings gefiel es ihm auch, das konnte ich daran sehen, dass er schon wieder einen Ständer bekam. Als ich plötzlich auch einen Fuß von Michi auf dem Knie hatte, zögerte ich nicht, mir auch den vorzunehmen. Das Schöne war, dass die beiden dabei einfach weiterquatschten, irgendwas von einem Pokerspiel in Marseille. Der Abend ging in amüsantes Geplauder über, in das sich nach und nach immer längere Pausen schlichen. Wir waren müde, und jeder dachte ans Bett, das war irgendwann klar. Gut gelaunt verabschiedete ich mich und ließ die beiden allein. Milan pofte schon vor sich hin, als ich zurück in meine Bude kam. Ich konnte nicht gleich schlafen. Zu viele Eindrücke, zu viele neue Kerle, Gesichter, Schwänze. Ich versuchte zu wichsen, aber kam nicht zum Schuss. Schließlich ließ ich es bleiben, spielte ein paar Runden *MahJong* auf dem Handy, bis mir die Augen zufielen, dann legte ich es weg und war gleich darauf eingeschlafen.

Erst die Arbeit, dann der Schnaps

Wilhelm und Michi verrieten am nächsten Tag mit keiner Miene, was sich letzte Nacht zwischen uns abgespielt hatte. Ich konnte mir gut vorstellen, dass selbst Michis Kumpel nicht wussten, was der mit Wilhelm oder sonst so trieb. Jedenfalls wenn sie nicht direkt nebendran hausten. Das Verhalten war mir nicht neu, ich kannte es von vielen Männertruppen, mit denen ich gearbeitet und gevögelt hatte. Wenigstens war ich mir sicher, dass weder Wilhelm noch Michi ihre Schwulereien auf den Suff schoben. Dazu waren wir gestern viel zu nüchtern gewesen. Die beiden waren schwul und hängten das einfach nicht an die große Glocke. Klar gab es in der einen oder anderen Mannschaft Typen, die die Nummer voll ausspielten und sogar richtig rumtuckten, aber das war die Ausnahme. Meistens wurde tagsüber ganz normal geschuftet, und nachts ergab sich dann vielleicht was. Darüber wurde kein Wort verloren.

Trotzdem war ich froh, als Wilhelm mir in der Mittagspause ein Zeichen gab, ich solle zu ihm und den anderen kommen. Es wäre komisch gewesen, wenn ich verkrampft Abstand hätte halten müssen. Er saß mit Michi, Jochen und Robert im Schatten eines Ladebaggers.

»Also du hast unseren Michi gestern Nacht so jodeln lassen«, begrüßte mich Jochen und gluckste amüsiert. Ganz so verschwiegen war die Gesellschaft hier also doch nicht! Auf jeden Fall nicht taub, denn es war offensichtlich, dass man Michis Stöhnen gehört hatte. Ich war so überrascht, dass ich nicht wusste, was ich sagen sollte, und setzte mich einfach schweigend auf die Kiste neben Wilhelm. Unwillkürlich blickte ich zu Robert, dem Klischee-Hetero, der unbeteiligt zu Boden sah und schweigend an seiner Stulle kaute.

»Halt die Klappe«, wies Michi Jochen zurecht, zwinkerte mir dabei aber gut gelaunt zu: »Du bist doch nur neidisch.«

Jochen schnaubte abfällig. »Neidisch. Von mir aus könnt ihr euch das Hirn rausvögeln. Mir ist'ne Frau allemal lieber. Was, Robert?« Er schubste seinen Nachbarn mit dem Ellbogen und wartete auf eine Bestätigung.

»Halt die Klappe«, knurrte Robert nur, ohne auch nur aufzusehen. Die Stelle am Boden musste wirklich interessant sein. Aber es war klar, dass er nur seinen eigenen Gedanken nachhing. Das mochte ich an Heteros, dass sie manchmal solch ein Fels sein können. Ich musste unwillkürlich grinsen. Dieser Robert war klasse!

Jochen nahm sich zusammen und verlor kein Wort mehr über die letzte Nacht. Stattdessen erzählte Wilhelm von seiner Idee, heute mal eine Bartour zu machen.

»Ttzz, Bartour«, meinte Jochen spöttisch, »das ist bei zwei Bars wohl eher übertrieben. Aber okay, ich bin dabei.«

Das stimmte, denn mehr als zwei Bars gab es tatsächlich nicht auf dem Gelände, das hatte ich auch bereits herausgefunden. Es war wieder ein heißer Tag, darum blieben wir anderen unentschlossen, wollten lieber abwarten, ob wir später Lust darauf hatten. Immerhin lag der größte Teil der Woche noch vor uns, da durften wir nicht schon zu viel Gas geben. Nach der Schicht wusste ich immer noch nicht genau, ob ich mitgehen sollte, aber nach einer Dusche und einem Happen Essen war klar, dass ich auf keinen Fall schon schlafen wollte. Ein paar Bierchen konnten nicht schaden.

Wir hatten locker einen Zeitpunkt verabredet, und es ergab sich, dass ich als Erster in der Kneipe ankam, die sich – wie einfallsreich! – ›Bar 1‹ nannte. Der schlampig zusammengetackerte Blechbau barg einen überraschend geräumigen Bereich mit langem Tresen und Barhockern sowie einigen Tischen, Stehtischen, zwei Billard-Tischen und einer Wand, an der eine Dartscheibe hing. An der Bar saßen vier Typen, die ich nicht kannte. Einige der Tische waren besetzt, ich entdeckte drei Polen aus meinem Abschnitt und nickte ihnen kurz zu. Sie grüßten zurück, schienen aber nichts dagegen zu haben, dass ich mich alleine an eine Ecke des Tresens setzte. Der Bursche, der den Laden schmiss, war ein älterer, ziemlich dicker Araber mit einem Goldzahn in der Fresse. Er lächelte zutraulich, als er mir das bestellte Bier brachte.

»Lass es dir schmecken«, meinte er, als hätte er mir ein Schnitzel mit Pommes serviert.

»Danke«, antwortete ich einsilbig, aber der Mann blieb leutselig stehen und stemmte seine Ellbogen auf den Tresen, bereit für ein längeres Gespräch.

»Arbeitest du in einer der Hallen?«

Ich trank einen Schluck und schüttelte schweigend den Kopf.

»Tiefbau?«

Wieder Kopfschütteln.

»Ah, dann bist du in der Baugrube, stimmt's?« Er grinste zufrieden, als ich jetzt bestätigend nickte. Warum ließ er mich nicht in Frieden mein Bier trinken?

»Trinkst du 'nen Kurzen mit?«

Mannomann! »Hör mal«, erklärte ich freundlich, »mir ist grad nicht so nach reden. Ich warte nur auf ein paar Kumpels, okay?«

Er trug das mit Fassung, aber sein Lächeln verschwand, und der blinkende Goldzahn mit ihm. »Kein Problem, ich wollte nur hallo sagen. Muss ja meine Männer kennenlernen, wenn wir hier paar Monate miteinander zu tun haben. Ich freu mich über jeden Gast. Das ist der Unterschied zur Zweier.« Eine Kopfbewegung in Richtung der Bar nebenan machte klar, dass er nicht viel von der Freundlichkeit des anderen Wirts hielt.

Ich stutzte, denn normalerweise waren die Kneipen auf einem Gelände vom selben Betreiber, darum war es scheißegal, wo man sein Bier trank. Es floss alles in dieselbe Kasse. Das schien hier anders zu sein. Na ja, die erwähnte ›Zweier‹ wollten wir ja heute auch noch checken. Aber vielleicht kein Fehler, sich mit dem Typ hier gut zu stellen. Also streckte ich ihm versöhnlich die Hand hin.

»Benni«, stellte ich mich vor.

Der Bär ergriff die Hand mit einer Pranke, an der mehrere Goldringe steckten. »Fahed.«

»Ich hab mal einen Fahid gekannt«, erinnerte ich mich zufällig. »Den haben wir Panther genannt. Er hat gemeint, dass es Panther heißt.«

Der Wirt lachte stolz und klopfte sich an die Brust. »Ja, das ist derselbe Name. Ich bin auch ein Panther.« Es freute ihn, dass ich sowas wusste. »Und jetzt trinken wir einen Schnaps zusammen!«

Das hatte ich davon! Wohl oder übel kippte ich mit ihm einen Wodka und war froh, dass Wilhelm, Michi und Jochen hereinkamen.

»Hi, Fahed«, begrüßte Wilhelm den Wirt wie einen alten Bekannten.

»He, Wilhelm, du auch mal wieder mit mir auf demselben Bau? Das ist ja geil!« Der Bär freute sich sichtlich. Michi und Jochen wurden ebenfalls begrüßt, allerdings waren ihm deren Gesichter neu.

Wilhelm sah die leeren Wodkagläser. »Ihr habt wohl schon Brüderschaft getrunken?«, fragte er grinsend und schlug mir auf die Schulter.

Fahed lachte. »Nein, nur 'nen Kleinen als Willkommen. Der ist nett«, meinte er mit einer Kopfbewegung in meine Richtung.

»Ich weiß«, sagte Wilhelm und schlug mir schon wieder auf die Schulter, hielt mich im Arm.

»Ich auch«, kam es vorlaut von Michi, der nicht außen vor bleiben wollte.

Und prompt mischte sich auch Jochen ein. »Ich noch nicht.«

Wieder lachte Fahed. »Na, da hast du wahrscheinlich was verpasst, Junge«, polterte er. »Also halt dich ran!«

Bevor es noch schlüpfriger werden konnte, ließ er uns glücklicherweise stehen, um sich endlich auch wieder um die anderen Gäste zu kümmern.

Wilhelm rüttelte an meiner Schulter. »Bei dem hast du einen Stein im Brett«, erklärte er belustigt.

»Wozu soll'n das gut sein?«, wollte ich wissen.

»Na ist doch klar«, sagte Michi, »die Barleute sind immer wichtig. Die können alles klarmachen, was du willst. Wenn die Kohle passt.«

Wilhelm nickte zustimmend. »Und der hier ist besonders wichtig«, erklärte er mit einem Fingerzeig auf diesen Fahed.

Bevor ich weiter fragen konnte, drehte Wilhelm sich um und ging voran zu einem Billardtisch. Dort richteten wir uns ein und spielten ein paar Runden, quatschten und hatten viel Spaß. Ab und zu sah ich mich um und musterte die anderen Kerle in der Bar. Männer kamen und gingen. Doch, es waren durchaus ein paar Schnittchen drunter. Ein kleiner Glatzkopf mit einer frechen Visage, so bisschen auf Skinhead gemacht. Riss andauernd Witze und führte sich auf. Aber kam ziemlich sexy rüber. Ein Blondschopf mit rötlichem Bärtchen, auf dessen heller Haut am Oberarm ein Totenkopf mit Bauhelm tätowiert war. Tolle Arme! Und überhaupt ein leckerer Kerl. Mindestens fünf, sechs südländische Männer, jung und knackig, die oft und gerne lachten und Zähne und Lippen hatten – die würde ich nur zu gerne küssen! Mann, ich wurde langsam geil …

Jochen machte während unseres Spiels andauernd unbeholfene Versuche, sich an mich ranzumachen. Die typische Pseudo-Hetero-Text-Nummer: Ob Schwule wirklich so gut blasen könnten. Ob das nicht wehtun würde, so ein Arschfick. Und so weiter. Das sind immer die, die es eigentlich schon längst wissen und nur so tun, als ob sie Jungfrau sind. Nicht, dass ich das Spiel nicht auch mitspielen würde. Klar, wenn es sich lohnt. Aber Jochen war nicht mein Typ.

Michi kannte seinen Kumpel natürlich. »Komm, lass endlich den Quatsch. Du hast doch deinen Docht schon oft genug in schwule Löcher gesteckt. Meins eingeschlossen.«

»Da war ich besoffen«, begehrte Jochen auf, »und du hast das ausgenutzt.«

»Jaja, na klar«, spottete Michi.

Aber Jochen wollte noch mehr richtigstellen. »Und was heißt'n hier ›Docht‹?« Er packte sich an die Beule. »Bei mir hat sich noch keine beschwert. Der hier macht 'ne Menge Spaß, und das weißt du auch, mein lieber Michi.« Er grinste siegessicher in die Runde.

Als ob mich das interessieren würde …

»Na klar, deine Stefanie!« Michi gefiel es, den anderen weiter zu verhöhnen. Er äffte die erwähnte Frau nach. »Oh ja, ja Jochen, du Hengst, ja, mach's mir richtig mit deinem riesigen Schwanz, oh jaaaa!« Er fummelte wie in Ekstase an sich rum dabei. Wilhelm und ich lachten laut über die Vorführung, besonders, weil Jochen sichtlich sauer wurde.

»Lass Steffi da raus«, grummelte er, mühsam beherrscht. »Die Kuchen frisst du jedenfalls ganz gern.«

Michi spielte den Bestürzten. »Oh, natürlich! Stefanies Kuchen, wie könnte ich die vergessen?« Zu mir: »Sie schickt ihm nämlich jede Woche einen Kuchen, seine Stefanie, mmmmhhhhmmm!« Dann jedoch war der Gefühlsausbruch vorbei. »Weißt du was«, meinte er kalt zu Jochen, »deine Frau kann Backbücher kaufen bis in alle

Ewigkeit, backen kann sie deshalb noch lange nicht. Die Kuchen schmecken scheiße.«

Jetzt war Jochen ehrlich beleidigt. Aber Michi setzte noch einen drauf: »Der letzte, dieser Marmorkuchen mit Schokoguss, der war trockener als ein Sack Gips. Und viel anders war der Geschmack auch nicht. Sag ihr das, deiner Super-Stefanie, du Super-Hengst.«

Die Kabbelei der beiden war bestimmt keine Premiere, denn Jochen steckte die Schmähworte ein, ohne richtig wütend zu werden. Er beschimpfte Michi zwar als undankbare Lügenfresse, verlogenen Hinterlader und sonst noch was, aber dabei blieb es auch, wollte aber nicht enden, denn Michi setzte noch mal nach. Wilhelm beruhigte schließlich die beiden Streithähne, und bald war alles vergessen.

Wir waren grade wieder gut drauf, und ich hatte wirklich Bock auf die nächste Runde Billard, da verkündeten die drei plötzlich, dass sie genug für heute hätten.

»Ich hab gedacht, wir sehen uns auch noch den anderen Laden an«, erinnerte ich sie. Aber der Abgang schien beschlossene Sache. Mist, ich hatte mir grade ein frisches Bier bestellt! »Ich bleib noch«, meinte ich. Die Jungs verschwanden und ich war allein.

Obwohl noch ziemlich was los war, trank ich zügig die Flasche aus, zahlte und verabschiedete mich mit einem Nicken vom Wirt. Mir war nach Ortswechsel. Draußen empfing mich eine laue Sommernacht. Wieder dieser Blick über das spacige Baugelände wie neulich nachts. Geil! Beinah wollte ich schon dem Impuls folgen, gleich mal eine Tour durch das Hallenlabyrinth da hinten zu machen, aber dann sah ich drei Männer vor der anderen Bar herumstehen und rauchen. Einer davon wirkte schon aus der Entfernung so sexy, dass ich unbedingt mehr sehen musste. Wie der dastand in seiner Jogginghose und dem lässigen T-Shirt, diese o-beinige Machohaltung!

Also trabte ich ohne Eile zu der kleinen Gruppe hin, stellte mich dazu und holte eine Kippe raus. Und war überrascht, dass mir gleich einer Feuer gab, noch dazu der geile Macho! Damit hatte ich sicher nicht gerechnet, hatte mein Feuerzeug schon in der Hand gehabt.

»Danke«, sagte ich brav und nahm die Gelegenheit wahr, dem Feuergeber in die Augen zu sehen. Mann, der Kerl war ein Schlaganfall! Er nickte, lächelte mich freundlich an und blies Rauch aus dem Mundwinkel. Kurz geschorene Haare an den Seiten und ein dichter, dunkel glänzender und gescheitelter Schopf oben. Augen zum Umfallen und der Mund ... mir wurden echt die Eier schwer.

»Ist was los da drinnen?«, fragte ich ihn. Man hörte schon von hier aus, dass die Bar gut besucht war.

»Ist okay«, antwortete er und wandte seinen Blick ab. »Aber wir gehen sowieso jetzt.«

›Schade‹, lag mir auf der Zunge. »Verstehe«, sagte ich stattdessen. Dass die Jungs gingen, war umso bedauerlicher, als die beiden anderen Kerle auch nicht schlecht aussahen. Egal, Tag drei, es gab keinen Grund zur Eile.

Ich rauchte noch zu Ende und beobachtete die Männer auf ihrem Weg quer übers Gelände zurück zu ihrem Wohnblock. Ein Griff in die Taschen meiner Jogginghosen und an meinen leicht angesteiften Schwanz tat mehr als gut. Mann, hoffentlich ging noch was heute!

Entweder war es drinnen dunkler als in dem anderen

Schuppen, oder es kam mir nur so vor. Auf alle Fälle war der Raum kleiner. Laute Rockmusik. Kein Billardtisch, kaum Bewegung hier, nur ziemlich viele lärmende Kerle, die mehr oder weniger an der Wand aufgereiht ihr Bier tranken, mit Lücken und kleinen Grüppchen dazwischen. Auch vorm Tresen – wesentlich kürzer als der in ›Bar 1‹ – standen Dutzende von Männern. Ich musste mich regelrecht dazwischendrängeln, um was bestellen zu können. Tat ich natürlich gerne. Fast alle hatten Jogginghosen an, das war *der* Freizeitlook unter uns, und es fühlte sich gut an, wenn sich Bein an Bein rieb wie jetzt, wo ich mich neben einen leckeren Typ Ende dreißig schob. Er war ein paar Zentimeter größer als ich, stand mit dem Rücken zu mir und hatte ein Bein auf die Fußstange gestellt. Und das war mir recht angenehm im Weg, machte auch keine Anstalten, sich wegzubewegen. Das Knie hielt meinem sanften Druck Stand. Schon mal nicht schlecht. Zu gerne würde ich noch mal das Gesicht sehen, das dazu gehörte … Es traf sich gut, dass mich gerade der Barkeeper ansprach und ich bestellen konnte, denn auch mein Nachbar wollte Nachschub und drehte sich zum Tresen.

»Noch so eins«, meinte er und deutete auf seine leere Flasche.

Der Barkeeper holte unsere Drinks. Während wir warteten, musterten wir uns kurz, wie es Männer nun mal machen, wenn sie in einer Menschenmenge aneinandergedrängt werden. Checken, wer da neben dir steht, ist klar. Ich erblickte einen gutaussehenden Kerl mit kantigem Kinn, schmalen Lippen, ziemlich großer Nase und ziemlich umwerfenden blauen Augen. Markante Brauen. Die braunen Haare waren unkompliziert kurz geschnitten und die Koteletten akkurat getrimmt. Geradezu brav alles. Aber auch die Sorte kann ganz schön versaut sein, dass wusste ich aus Erfahrung. Ich merkte ihm an, das er meinen Blick nicht richtig einordnen konnte. Er nickte mir beinah verlegen zu, gerade, als er von einem vorbeistolpernden Typen angerempelt und an mich gestoßen wurde.

»Hoppla«, meinte er lachend zur Entschuldigung.

Ich lächelte unverbindlich. »Ganz schön voll. Haben wohl alle nichts zu arbeiten morgen.«

Der Unbekannte lachte wieder. Tolles Lachen. »Ist doch noch früh. Und das ist immer so am Anfang, wenn alle noch frisch sind. Das legt sich dann schon.«

Überraschend gesprächig, mein Nachbar.

»Ich weiß. Ich kenn das.« Als Greenhorn abstempeln lassen wollte ich mich nicht. Der Barkeeper stellte uns die Getränke hin, und bevor ich bezahlen konnte, hatte mein neuer Bekannter das schon übernommen. Er lud mich ein?

Ich dankte und wir stießen an.

»Die nächste Runde geht auf dich«, meinte er.

Trotz der guten Gelegenheit zögerte ich. Immerhin war ich grad erst zur Tür reingekommen, wollte mich eigentlich noch bisschen umsehen. Mein unruhiger Blick wurde wohl bemerkt.

»Ist ein guter Platz hier«, meinte mein braver Nachbar und wurde prompt schon wieder an mich geschubst.

»Wenn man auf Nahkampf steht«, setzte ich lachend hinzu. Er lachte auch und sah mir eine Sekunde zu lange in die Augen. Mir wurde heiß unter der Schädeldecke.

»He, Adi, komm, wir gehen mal weg hier«, rief ihm einer

seiner Kumpels zu, denen die Drängelei am Tresen zu viel wurde.

»Ne, ich bleib erst mal hier. Komm dann nach«, gab mein Nachbar zurück. Ohne Einwände verzupften sich die Kumpels.

»Adi?«, fragte ich mit einer kleinen Dosis Spott und erhobener Augenbraue.

»Adrian eigentlich«, verriet er.

»Cooler Name«, fand ich.

»Und du?«

»Benni.«

»Benni?«, fragte er und ahmte mich nach mit Tonfall und Augenbraue.

Ich musste lachen. »Nur Benni«, erklärte ich, »nicht Benjamin oder sowas. Einfach Benni.«

Keine Ahnung, warum mich dieser Adi gleich so in Beschlag nahm, aber irgendwie schien ich ihm zu gefallen. Es war gar nicht so ungewöhnlich, dass man schnell ins Gespräch kam unter Kumpels, aber das hier war anders. Da knisterte es merklich.

Also blieb ich mit Adi am Tresen stehen und wir unterhielten uns, zuerst über den Kraftwerksbau, und bald darauf über Gott und die Welt. Richtig nett, der Kerl. Und witzig. Und sexy. Mittlerweile standen wir einander zugewandt, und meine Beine waren an Stellen gedrückt, die gerade noch als unverfänglich gelten konnten. Außerdem hatte ich sein rechtes Bein mehr oder weniger zwischen den Schenkeln und scheute mich nicht, sie ab und zu mal sacht zusammenzudrücken. Und weiter oben klebte ich beinah schon im Schritt von Adi, der mir beim Reden seinen Bieratem ins Gesicht blies. Um nichts in der Welt hätte ich gewollt, dass er mehr Abstand nahm.

»Bisschen sehr eng, verdammt«, meinte Adi, aber eher amüsiert als kritisch.

Bei dem Gedränge fiel es gar nicht auf, wie nahe wir beieinander standen. Die ahnungslose Menge um uns herum machte es umso erregender, als ich den Verdacht hatte, eine gewisse Verhärtung in Adis Hose zu spüren.

»Mir gefällt's«, wagte ich einen Vorstoß.

In den blauen Augen blitzte es verstehend. »Du bist ein ganz schönes Früchtchen, Benni«, sagte er. Gleichzeitig hob er schnell sein Knie ein bisschen an und erwischte mich am Sack. Ich zuckte leicht zusammen. So schlimm war's nicht, mehr der Schreck als Schmerz. Adi grinste.

»Da rührt sich aber ganz schön was da unten.« Er musste wohl meinen Schwanz gespürt haben, der schon die längste Zeit angenehm in der Hose klopfte.

»Sorry«, erwiderte ich frech, »hab 'n bisschen Druck drauf. Und bei dem Geschiebe hier…«

»Ist schon okay.« Zu meiner Enttäuschung versuchte Adi, sich aus meiner Umklammerung zu lösen. Er drehte sich zum Tresen um. Mist, gerade wollte ich darauf zu sprechen kommen, was in seiner Hose so los war! Wortlos beobachtete er das Treiben an der Bar. Nach ein paar Minuten wurde mir sein Schweigen zu viel.

»Ich geh mal raus, eine rauchen.«

Er blickte mich erstaunt an. Dann: »Okay, ich komm mit.«

Ich nickte und wir suchten uns einen Weg zwischen den Männern hindurch nach draußen.

Bumsbudenzauber

Wie es sich herausstellt, raucht Adi gar nicht. Er will mir nur Gesellschaft leisten, wie er erklärt. Mit den Händen in der Hosentasche lehnt er sich an die Brüstung des roh zusammengezimmerten Aufgangs zur Bar. In einigem Abstand sind vier andere Kerle am Rauchen und Quatschen.

Schweigend ziehe ich an der Zigarette, während Adi ebenfalls stumm zu Boden sieht.

»Was war denn los auf einmal?«, frage ich nach einer Weile. Ich bin immer für klare Ansagen.

Adi sieht mich mit einem totalen Unschuldsblick an. »Was? Wann denn?«

Männer! Aber so leicht soll er mir nicht davonkommen.

»Na, erst quatschst du von meinem Ständer und dann ist dir das peinlich, oder was?«

Er blickt wieder zu Boden. »Ich weiß auch nicht …«

Damit kann ich arbeiten. Ich gehe ein paar Schritte näher zu ihm. »Hör mal, wir kennen uns nicht, aber es war doch echt nett vorhin. Da ist doch nichts dabei. Und noch mal sorry wegen meinem Ständer. Ich hab gedacht –«

Die Kunstpause ist durchaus gewollt.

»Was?«, fragt er sofort und ist ganz Ohr.

Ich sehe ihm fest in die Augen. »Ich hab gedacht, es gefällt dir vielleicht.«

Sein irritierter Blick ist nicht die Reaktion, die ich erhofft hab. Aber bevor sich die Enttäuschung breitmachen kann, fällt der Kerl plötzlich über mich her. Er stürzt vor, umarmt mich und drängt mich zur Seite, wo die Wand der Bude im Nachtschatten liegt. Mit einer Hand reibt er meine Wange, übers Ohr, die Haare, und sein Mund drückt sich auf meinen, gierig, aufgeregt wie ein Verdurstender. Ich brauche einen Moment, um die Situation zu kapieren, aber dann schmeckt der Mann wunderbar. Ich schmelze unter den leidenschaftlichen Küssen dahin und wehre mich nicht, als er meinen Kopf mit den Händen packt und mich dazu bringt, den Mund aufzusperren. Er rotzt mir eine satte Ladung in die Fresse und leckt und knutscht sie mir rein. Geil. Mittlerweile ist die eine Hand an meine Kehle gewandert und drückt sanft, aber auch das lasse ich zu. Ich suche seinen Blick und erkenne ein geiles Glitzern in den Augen, die dunkler scheinen als zuvor.

»Kannst du gut blasen?«, fragt er mich, leise und gepresst. Erregt.

Ich nicke und versuche ein Grinsen.

Sein Blick bleibt fest. »Ich warn dich. Ich hab ein ziemlich dickes Ding.«

Ein Griff an seine Beule lässt ahnen, dass das keine Angeberei ist.

»Versuchen würd ich's gerne.« Ich will auch nicht angeben. Aber unbedingt ran. Ich massiere die Beule mit dosiertem Druck. Mmmhmm, fühlt sich echt gut an! Mir läuft die Spucke im Mund zusammen.

»Lässt du dich auch ficken?«

Wieder nicke ich.

»Geil.« Er küsst mich wieder. »Können wir zu dir?«

»Nein.« Mann, ich hoffe, dass ihm was einfällt, obwohl ich bereit bin, es hier und jetzt mit ihm zu treiben. Aber das ist echt keine gute Idee, so gleich neben der Bar mit den vielen Kerlen, die ständig rein- und rausgehen.

Er sieht sich kurz um, orientiert sich. »Komm.«

Ohne weitere Worte geht er voran, keine Ahnung wohin. Wir stapfen hinter den Schuppen am Rand der Baugrube entlang. Hier gibt's bestimmt eine Stelle, an der wir unsere Ruhe haben. Sex im Freien ist immer okay. Aber am Ende der Schuppenreihe steuert Adi auf eine Hintertür zu. Das Vorhängeschloss hängt nur lose dran, und Adi verschwindet durch die Tür. Ich folge dicht hinter ihm. Drinnen dunkel bis auf das bisschen Licht von der Geländebeleuchtung, das durchs kleine, verdreckte Fenster kommt. Wieder packt er mich und knutscht mit mir, heiß und geil. Drängt sich an mich, reibt seinen Schoß an meinem, der synthetische Stoff spannt sich an den harten Schwänzen. Seine Hände fahren hinten durch den Bundgummi an meinen Arsch, zuerst auf, aber sehr schnell unter der Unterhose, an die nackte Haut. Ich tue es ihm gleich, taste mich zu seinem Hintern vor, packe die satten Arschbacken und drücke sie genüsslich. Die zarten Härchen darauf machen mich total scharf, am liebsten hätte ich den Kerl gleich umgedreht, um mein Gesicht zwischen diesen geilen Männerarschbacken zu vergraben. Aber erst mal will ich endlich an den Schwanz ran.

Also greift eine Hand nach vorne und schnappt sich das begehrte Teil. Es ist dick und warm und bockhart, zuckt unter der Berührung meiner Finger. Ziemlich saftig, wie ich registriere, als ich die Vorhaut ein Stückchen zurückziehe. Mit dem Daumen verreibe ich den Seim über der Eichel, lecke die Fingerkuppe anschließend ab. Mmmhmm, schmeckt nach mehr!

Zwei Finger von dem Kerl schieben sich in mein Maul und ich lecke und sauge daran, sie schmecken geil. Die Sau lacht dreckig und schiebt mir nun vier Finger in die Fresse, lenkt meinen Kopf in alle Richtungen und grunzt angefeuert, es gefällt ihm, dass ich so gierig und willig bin.

Er hat nichts dagegen, dass ich abtauche, um vor seinem Prachtschwanz in die Knie zu gehen. Der Gummizug seiner Jogginghose ist inzwischen mitsamt Unterhose unter den Eiern gelandet, so präsentieren sich die Kronjuwelen bestens. Ich also erst mal mit der Zunge über die Eier. Meine Zunge ist ziemlich lang, und ich weiß, dass es die Kerle anmacht zuzusehen, wie sie über die empfindlichen Kugeln schleckt. Ein Blick nach oben bestätigt mir, dass Adi da keine Ausnahme ist. Er stiert nach unten, zeigt mir seine Begeisterung, öffnet den Mund und streckt hechelnd seine Zunge raus. Geil! So eine Drecksau! Er genießt es richtig, wie ich an den Eiern sauge, schiebt sich die Hosen weiter runter und biegt seine Latte nach oben. Jetzt schwingen die Eier frei, ganz schöne Tiefhänger, sie lassen sich prima lutschen, trotz Sackhaaren. Der harte Schwanz klopft an meine Wange, an die Stirn. Ich lecke die Unterseite vom Schaft entlang, umschlinge ihn mit der Zunge, so gut es geht, erreiche die Kuppe, die gespannte Vorhaut, aus der ein Stück glatte Eichel hervorspitzt. Ich züngle hinein, schlürfe den Vorsaft, bevor ich meine Lippen darüberschiebe. Eine Hand am Hinterkopf will meine Fresse auf den Schwanz drücken, aber ich bin noch nicht so weit. Der Widerstand wird bemerkt und der Kerl versteht, dass ich ein bisschen Zeit brauche. Mann, ist das ein dicker Knüppel! Ich sauge an der Eichel, weiter, ein Stück den Schaft runter, versuche irgendwie meine Kiefer zu lockern. Tatsächlich, langsam geht es besser. Die Eichel passiert die enge Stelle am Eingang zur Kehle, nur kurz, dann muss ich wieder ablassen, ohne jedoch den Schwanz ganz aus dem Maul zu nehmen. Mein Ehrgeiz ist erwacht. Im Knien, die Lippen weiter um die leckere Latte gepresst, krame ich mein Poppersfläschchen aus der Hosentasche, schraube den Deckel ab und nehme einen Zug in jedes Nasenloch.

»Geil«, höre ich Adis Stimme. Ich reiche ihm das Fläschchen, hole tief Luft und schiebe mir den Bolzen in den Rachen. Es klappt. Meine Kehle geht auf, und nach ein paar Anläufen steckt der Hengstschwanz bis zum Anschlag drin. Ich pruste und röchle, aber jetzt ist die Hand an meinem Hinterkopf gnadenlos, presst mich fest auf den fetten Pflock, und ich schlucke und schlucke, versuche angestrengt, den Würgreiz zu unterdrücken. Der Kerl gibt mich frei, doch ich schnappe nur kurz Luft, dann bin ich wieder dran, zieh mir den Prügel rein und saug ihn kräftig eine ganze Weile ab.

Adi stöhnt wohlig auf. »Aaahh, das machst du guuuuut!«

Ich gönne mir einen Atemzug und grinse hoch zu ihm.

Sein Blick fixiert meinen, während er seinen Steifen an meine Lippen drückt, über sie hinwegfährt, damit mein Gesicht abklopft. Meine Zunge versucht, das geile Teil zu erwischen, und es macht Adi sichtlich Lust, es mir schwer zu machen.

»Ganz schön hungrig, du kleine Schlampe, was?«, höre ich ihn mit rauer Stimme sagen. Leise, vorsichtig, er tastet sich heran.

Kann er gerne machen. Das wird ja immer besser! Ich steh auf Verbalsex. »Mhmmm, jaaaah«, heize ich ihn an.

»Deine Kiste ist bestimmt genauso hungrig, oder?« Seine Augen träufeln mir Lust in alle Hirnwindungen. »Ich fick sie dir schön durch, keine Angst.«

»Geil«, bekunde ich mein absolutes Interesse.

Er nickt zur Bestätigung, gibt mir das Poppersfläschchen zurück, reibt seinen Schwanz über meine Fresse, platziert ihn endlich an den Lippen. Sofort ist meine Zunge zur Stelle, presst sich breit an die Unterseite und bewegt sich hin und her. Er soll ihn reinschieben!

Ja, genau so, weiter! Gott, schmeckt der gut! Es freut mich tierisch, dass der fette Kolben mittlerweile beinah mühelos in die Kehle gleitet. Ein Ruck über die Gurgel – und schon ist er drin. Die Dehnung ist sagenhaft, aber der Wille, diesem geilen Kerl Lust zu verschaffen, überwindet die Angst vorm Ersticken. Wie durch Watte höre ich die Drecksau weiter geiles Zeug reden. Das spornt mich an, und ich lasse ihn hemmungslos meine Kehle ficken. Geilgeilgeil! Er gönnt mir eine Pause, tätschelt mein Gesicht, auch mal bisschen fester, redet pausenlos, manchmal verstehe ich ihn gar nicht. ›Braver Junge‹, ›Lutsch den dicken

Schwanz‹, ›Lass dich richtig ficken‹ und alles so was. Stopft mir wieder den Prügel ins Maul, benutzt meine Maulfotze, und für mich gibt's nur noch diesen Schwanz, alles andere ist vergessen.

Da zieht er mich plötzlich hoch, küsst mich wieder. Er bläst mir erregt seinen heißen Atem in den Mund, fummelt mir die Hose vom Arsch, zieht eine Hand durch die Ritze, fingert an meinem Loch herum. Ich strecke meinen Rücken durch, komm mit dem Hintern hoch. Er speichelt ein paar Finger ein, und schon sind sie wieder dran, nass jetzt, massieren mich, dringen ein, dehnen den Lochring.

Er braucht nur eine kleine Andeutung zu machen, einen leichten Schubs, und ich drehe mich um. Vor mir steht ein Tisch, stabil und brauchbar. Ich gehe einen Schritt vor und stütze mich auf der Tischplatte ab. Sie ist ziemlich staubig, aber das ist mir egal. Mein Loch wird geleckt. Mann, ich kann es kaum erwarten!

Aber noch lässt sich mein Hengst Zeit, schlabbert mit größtem Genuss und wollüstigem Grunzen durch meine Kerbe und verpasst meinem Loch einen Zungenfick vom Feinsten. Ich komm ihm entgegen, merke, wie ich langsam aufgehe und weich und geschmeidig werde. Ich bin so geil, dass ich den dicksten Schwanz vertrage, da bin ich mir sicher!

Endlich steht er auf und setzt an. Ahhh, tut das gut! Die Eichel schlüpft butterweich rein, und der Schwanz dehnt meinen Arschkanal, der Druck schlägt Wechselstrom durch meine Blutbahnen, mal geil, mal autsch, dann wieder geil. Aber es geht, besonders, als der Kerl jetzt anfängt, mich zu ficken. Ja, jetzt ist es nur noch geil. Sogar sehr geil! Ich bin total happy und greife nach hinten, um mein Glück zu fassen – und staune und erschrecke – der Schwanz ist nur ein Stück weit drin! Da warten noch etliche Zentimeter darauf, sich in meinen Arsch zu schieben. Ich stöhne auf, als gerade die nächsten davon mich aufbohren und der Wechsel wieder mehr in Richtung autsch geht. Verdammt, ich will das schaffen!

Ein paar Züge Poppers – mein Ficker wartet brav ab –, dann lehne ich meinen Oberkörper auf die Tischplatte und beiße die Zähne zusammen. Denn die Sau zieht den Schwanz kurz raus und rammt ihn gleich danach wieder rein, tief rein, stößt nach, weiter, der nächste Stoß, gerade als ich glaube, dass es nicht weiter geht, gibt irgendwas nach in mir – und der dicke Dübel ist drin.

Ich keuche und hechle und versuche, mich an das Ding im Arsch zu gewöhnen, bewege ihn leicht hin und her, während mein Peiniger sich ruhig verhält. Oder doch nicht? Ich merke, dass er ganz sanfte Stöße macht, sich Raum schafft, das Gewebe sondiert. Und höre selber, wie mein gequältes Stöhnen immer lustvoller wird. Denn bald schon fühlt sich der Schwanz so gut an, so genial gut, dass ich mich komplett entspanne und hingebe. Ich genieße jeden einzelnen Stoß, mit dem er durch meine Muffe pflügt, und besonders, als er bis zum Anschlag drinbleibt und sich nur wenig bewegt, spüre ich den harten Bolzen ganz tief drin mit höchster Lust. Jeden Pulsschlag spüre ich, jedes Zucken. Er füllt mich total aus. Ist das geil! Ich spreize die Beine noch etwas mehr, um es ihm leichter zu machen, mich auf den Tisch zu nageln, heftiger wieder jetzt, die dicken Eier klatschen bei dem Fick gegen meinen Arsch. Er packt meine Hüften und stemmt seine Schenkel unter meine Beine, fickt mehr von schräg unten jetzt, lässt mich keinen Millimeter von seinem Schwanz runter, hämmert ihn rein und rein und rein.

Ich bin vollkommen Fotze, darum überrascht es mich nicht, dass mein eigener Schwanz gar nicht richtig steif ist. Als ich rangreife, fühle ich aber jede Menge Vorsaft, und das Kribbeln in den Eiern sagt mir, dass ich nur ein paar Wichsstriche machen müsste, um abzuspritzen. Die Abreibung, die der Fickprügel meiner Prostata verschafft, ist so geil, dass ich in einem andauernden vor-orgasmischen Zustand schwebe.

Der Stecher reißt mich leider aus diesem Zustand raus, entzieht mir seinen Lustknüppel und drückt mich vor sich in die Knie. Ich bin so willenlos und entspannt, dass ich mich leicht steuern lasse, vom Tisch gleite und genau da lande, wo er mich haben will. Schon hab ich wieder den Schwanz im Maul. Ich muss mir Mühe geben, die dicke Rübe ganz zu schlucken, kriege einen Ständer beim Gedanken, dass sie grade in meinem Arsch gesteckt hat. So ein Kaliber hab ich selten drin. Geil!

Der Kerl hält meinen Kopf fest und rammt mir in schnellem Staccato den Prügel in die Kehle. Die gepressten Laute, die er dabei von sich gibt, verraten mir, dass er kurz vorm Kommen ist. Also Endspurt. Ich gebe mein Bestes, reiße meine Fresse auf, so weit es geht, und kriege gerade genügend Luft, um nicht umzukippen. Trotzdem kann ich es nicht lassen, an mein aufgeficktes Loch zu fassen. Mann, ist das weich und nass und heiß! Zurück an den Schwanz, und genau als mir das warme Sperma eingespritzt wird, schieße auch ich meine Ladung ab. Jaaah …!

Ich saug genüsslich den letzten Samentropfen aus dem Schwengel und muss mich dann echt zwingen, wieder aufzustehen. Bin völlig schlapp und wie high. Durchgefickt und leergespritzt. Hab noch den Spermageschmack auf der Zunge, aber die Drecksau küsst mich trotzdem, nass, mit viel Spucke, die sich mit den Resten seines Samens mischt. Geil!

Adi ist überraschend zärtlich nach dem Abspritzen. Das kenn ich auch anders, darum freut es mich echt. Während wir knutschen, schwingt sein noch immer schwerer und halbsteifer Schwanz absichtlich wieder und wieder an meinen, aber am meisten turnt mich das dämliche und glückliche Grinsen von dem Kerl an. Mann, dem hat unsere Nummer sichtlich gutgetan! Er hält meinen Kopf zwischen den Händen, grinst und küsst mich wieder.

»Wow«, meint er heiser, »das war super klasse.«

Ich nicke nur.

Er lehnt seine Stirn an meine. Ganz heiß ist die, genau wie seine Hände an meinen Wangen. Ich streichle sie, und wir bleiben stumm aneinandergelehnt stehen, mit runtergelassenen Hosen, und es kommt mir vor, als ob er diesen Moment irgendwie festhalten will. Aber langsam dringen Geräusche herein, die ich vorher gar nicht wahrgenommen hatte. Motorenlärm, nicht laut, von weiter weg, aber deutlich hörbar. Das Rauschen des Kraftwerks. Eine Tür, die im Wind klappert. Die Realität holt mich ein.

Adi muss es ähnlich gehen. Ein letztes Mal reibt er die Stirn an meiner, drückt mir einen Kuss auf den Mund und bückt sich dann, um seine Hosen hochzuziehen. Ich mach dasselbe und merke, dass ich es irgendwie geschafft habe, mir voll auf die Jogginghose zu spritzen. Adi kann sich denken, warum ich so an dem Stoff rubble, er lacht leise.

»Kleines Andenken?«, fragt er belustigt.

»Du hast gut lachen«, erwidere ich grinsend, »von dir ist ja kein Tropfen danebengegangen.«

»Hat's wenigstens geschmeckt?«

»Und wie«, zögere ich nicht mit der Antwort.

Adi überlegt einen Moment. Dann: »Wenn du wieder mal Lust drauf hast … ich meine …«

Ich mach den Schritt zu ihm hin und fass an seine Beule. »Jederzeit«, versichere ich und küsse ihn. Aber obwohl sein Schwanz sich deutlich regt unter meinem Griff, wissen wir beide, dass es für heute gut ist. Das heißt ja nicht, dass wir nicht noch ein bisschen knutschen können …

Stangenfieber

Am nächsten Tag kam in der Mittagspause ein Kerl bei uns vorbei. Ein langer, schlaksiger, mit dunklen Stoppeln am Schädel und im Gesicht. Er war von der Sorte hellhäutiger Typ mit frischroten Lippen, irgendwie keltisch und seeehr sexy! Er fragte nach mir, nach Benni. Ich ging zu ihm rüber und wunderte mich über den komischen Blick, mit dem er mich musterte. »Ich bin ein Freund von Adi, Paul«, stellte er sich vor. »Wir wollen heut Abend bisschen feiern. Ist mein Geburtstag.«

Na und? Ich wartete schweigend ab.

»Adi hat erzählt, dass du gern pokerst, und wir wollen 'ne Runde aufmachen.«

Es stimmte, wir hatten darüber geredet. »Okay«, meinte ich, noch etwas zögernd. »Wo denn?«

»Fahed hat mir eine Ecke reserviert. In der Einser«, fügte er hinzu, als ich nicht reagierte.

»Okay.« Diesmal war es eine klare Zusage. Ich stellte mir das ganz nett vor, so in der Kneipe mit ein paar Jungs zu zocken. War mir lieber als im engen Container.

Dieser Paul nickte erfreut und verabschiedete sich dann gleich.

»He«, rief ich ihm nach, als er schon im Gehen war.

Er blieb stehen und drehte sich um.

»Herzlichen Glückwunsch!«

Paul lachte erfreut und hob dankend die Hand. Dann stapfte er davon.

Weder Wilhelm noch einer der anderen machte eine Bemerkung nach dem kurzen Besuch, was ich ihnen allen echt hoch anrechnete. Auf blöde Fragen antworten oder – noch schlimmer – anzügliche Bemerkungen hören, darauf hatte ich bestimmt keinen Bock. So aber taten wir einfach unsere Arbeit und abends konnte jeder machen, was er wollte.

»Machst dich ja richtig fein«, meinte Milan amüsiert, als ich das dritte Shirt anprobierte. Mein Mitbewohner hatte einen Spielfilm auf dem Laptop laufen und stellte sich auf einen gemütlichen Solo-Abend ein. Ich dagegen war kein bisschen schlapp, freute mich auf den Pokerabend und grinste als Antwort nur kurz zu Milan rüber. Die Schicht war ohne Komplikationen verlaufen, also relativ unanstrengend. Wie es sich gehört, hatten die Maschinen den größten Teil der Kraftarbeit übernommen, darum fühlte ich mich fit genug, um diesem Adi eventuell wieder an die Wäsche zu gehen. Jedenfalls hätte ich nichts dagegen. Schließlich war ich zufrieden mit meinem Look, das dunkelgrüne Poloshirt stand mir, das wusste ich. Passte gut zu meinen braunen Augen und den etwas helleren Haaren. Ich verabschiedete mich von Milan und stapfte los.

Es war Mittwoch, und in der Bar war viel weniger los als am Abend zuvor. Die meisten Männer gönnten sich wohl eine Pause, bevor sie am Wochenende wieder richtig Vollgas geben wollten. Als ich reinkam, war der Wirt beschäftigt, aber ich sah diesen Paul gleich. Er saß mit zwei anderen Kerlen an einem Tisch in der hintersten Ecke. Ich ging rüber und zögerte, weil ich Adi nicht entdeckte. Wo war er?

Paul winkte mich ran und stellte mir die anderen vor. Jürgen, ein bulliger Typ um die vierzig mit Glatze und angegrautem Vollbart, und Menja, ein gut gebauter, dunkler Araber, ziemlich interessant, so Mitte dreißig, dessen pechschwarze Barthaare in schwungvollen, aber dünnen Linien Mund, Kinn und Wangen einrahmten wie Buchsbaumhecken in einem barocken Garten.

»Adi kommt nach, aber wir sollen schon mal anfangen. Er steigt dann ein.« Paul mischte schon die Karten und erklärte die Einsätze. Alles cool. Ein Stuhl stand bereit, also nahm ich Platz, vor allem, weil ich sah, dass Fahed bereits rüberkam. Er würde mir sicher was zum Trinken bringen.

Wie einem alten Bekannten klopfte er mir auf die Schulter. »Na, Benni, dann pass bloß auf, dass dir die Halunken nicht das letzte Hemd ausziehen«, meinte er scherzhaft. Auf seine Frage, ob ich ein Bier wollte, nickte ich nur.

»Eh, Alter, musst du gleich wieder so sexuell werden«, ließ sich Menja hören und grinste dreckig zu Paul rüber, der das Grinsen erwiderte. War das eine Anspielung? Hatte Adi was erzählt?

Fahed lachte. »Der Einzige, der hier immer Sex im Kopf hat, bist doch du, Menja.« Damit ging er zurück zur Bar.

»Na, du bist es doch, der den Kleinen nackt sehen will«, rief ihm Menja hinterher. Fahed zeigte ihm hinterm Rücken den Stinkefinger, worauf Menja auflachte. Er dachte wohl, sein Scherz sei ihm voll gelungen. Ein Scherz, der auf meine Kosten ging, aber ich wollte das Thema nicht vertiefen und war froh, dass Paul nun die Karten ausgab.

Diesmal lief das Spiel anders als die nette Nummer mit Wilhelm und Michi neulich. Die Kameraden hier waren abgezockte Profis, darum musste ich mich echt konzentrieren. Ich hielt mich tapfer, verlor aber öfter, als ich gewann. Ausgerechnet der bullige Jürgen, den ich ziemlich unsympathisch fand, strich am häufigsten die Kohle ein. Wenigstens konnte ich so mit Paul und Menja gemeinsam gegen ihn Front machen.

»Dein Glück wird dich jetzt verlassen, wetten? Dann kannst du so viel bluffen, wie du willst, du bist am Arsch«, stichelte Menja, während er das nächste Blatt austeilte.

Jürgen blieb cool. »Pass du mal lieber auf deinen eigenen Arsch auf, Süßer«, knurrte er nur und schob seinen Einsatz in die Mitte des Tischs. Und zwinkerte mir dann vertraulich zu, als müsste ich einen tieferen Sinn erkennen, jedenfalls bildete ich mir das ein. Ich grinste unsicher, worauf sich Jürgen zufriedengab und den Karten zuwandte.

Irgendwie regte der Typ mich auf. Vor allem, weil er es tatsächlich schaffte, Menja und Paul doch langsam einzuschüchtern. Sie wurden stiller und waren krampfhaft bemüht, das Spiel zu beherrschen, aber Jürgen behielt die Oberhand. Das spornte mich zum Widerstand an, zumal meine Karten grade gar nicht so schlecht waren. Also erhöhte ich und gab mich siegessicher, knallte Jürgen auch ein paar heftige Sprüche vor den Bug.

»Bei dir ist kartenmäßig genau so wenig los wie in puncto Haare auf deiner Glatze«, zog ich ihn auf. »Und wer weiß, wo sonst noch Funkstille ist bei dir«, setzte ich nach.

»Mit dir kann ich allemal mithalten, außer beim Thema Frisur, das geb ich zu.« Jürgen war nicht so leicht aus der Ruhe zu bringen.

»Jürgen glaubt, ›Wer 'ne Glatze hat, hat mehr Testosteron‹ und so«, mischte Paul sich ein. »Nach dem Motto: ›Wenn am Gipfel Gletscher leuchten, kann im Tal noch Frühling sein‹.«

»Ach du lieber Gott«, meldete sich Menja, »machen wir jetzt auf Comedy oder spielen wir?«

»Lass stecken, Menja«, meinte Jürgen, »wir sind ja hier nicht beim Turnier. Bisschen Spaß muss sein, also nur weiter so, Benni.« Er schlug mir auf die Schulter, relativ derb sogar.

Bevor ich reagieren konnte, trat ein junger Typ hinter Jürgen und rubbelte ihm über die Glatze. »He, musst du immer den Macho raushängen?« Die Frage kam allerdings eher belustigt, und jetzt hängte sich der unbekannte Frechdachs auf Jürgens Schultern und versuchte, in dessen Karten zu spähen.

Jürgen zog die Hand mit dem Blatt an die Brust. »Mensch Leo, lass den Scheiß.«

Dieser Leo lachte laut, rubbelte noch mal den blanken Schädel von Jürgen, wich seinen sich wehrenden Händen aus und trabte zur Bar. Ich blickte ihm nach, konnte nicht umhin zu bemerken, dass der Störenfried auch von hinten echt sexy war. Von vorne sowieso. Geile Fresse, so mit Hakennase, breitem Lachen und blitzenden, hellen Augen. Eine deutliche Narbe lief von der rechten Augenbraue ein Stück weit in die Stirn. Braune Wuschelhaare, dick und unverwüstlich, nicht wirklich lang, eher sorglos kurz. Und hinten in der Jogginghose ein paar Arschbacken, die zum

Reinbeißen waren. Vor allem, weil der Bursche einen richtig coolen Gang draufhatte.

Menja beugte sich mit weit ausgestreckten Armen über den Tisch und schnipste mit den Fingern vor meinem Gesicht. »Hallo, hier spielt die Musik!«

Ich drehte mich wieder um und erkannte, dass Jürgen der geilen Schnitte ebenfalls hinterhergestarrt hatte, denn auch er wandte sich aufgeschreckt um und glotzte ziemlich dämlich in die Runde. Menja und Paul lachten schallend.

»Alter, der ist ja völlig weggetreten«, prustete Paul.

»Als ob er Leo noch nie vorher gesehen hätte«, meinte Menja kichernd.

»Komm, Jürgen, spiel dein Scheißblatt, damit was weitergeht«, wurde Paul jetzt streng.

Jürgen hatte drei Damen zu bieten und wollte schon triumphierend den Pot einstreichen, weil weder Menja noch Paul das toppen konnten, doch ich hielt ihn mit einem Handgriff zurück.

»Momentchen«, meinte ich dabei ganz ruhig und deckte dann gemächlich meine Karten auf. »Meine drei Könige können es bestimmt aufnehmen mit deinen drei Schlampen.«

Paul und Menja grölten schadenfroh über Jürgens Niederlage, obwohl auch sie ihre Kohle los waren.

»Ja, genau«, lästerte Menja, »die ficken deine Dämchen so richtig in die Tonne.«

Jürgen gab sich unbeeindruckt. »Na und? Eine Runde geht an dich«, sagte er zu mir. »Aber Menja muss ja gleich wieder 'ne Orgie draus machen. Geht's auch mal ohne, du notgeile Drecksau?«

»Warum denn?«, kicherte Menja. »Ist doch nett, so ein Rudelbums.«

»Ja, solange du in der Mitte bist«, ließ sich Paul hören.

Menja lachte nur gutmütig über den Witz. Aha! Äußerst interessant …

»He, wer schneit denn da herein?«, rief Paul plötzlich und richtete unsere Aufmerksamkeit auf irgendjemand hinter meinem Rücken. Ich drehte mich um und war überrascht. Erstens, weil die Bar sich in der Zwischenzeit beinah geleert hatte, und zweitens, weil Adi herankam, aber mehr noch über den Kerl, den er im Schlepptau hatte: Es war Menkovitz, mein Schichtführer! War mir nicht gerade recht, ihn hier bei meinem Freizeitvergnügen dabei zu haben. Er und Adi hatten schon ziemlich getankt, sie kicherten albern, als sie an unseren Tisch traten.

»Kommen wir zu spät?«, fragte Adi in die Runde. »Wir wollen doch den Höhepunkt von Pauls Geburtstagsfeier nicht versäumen.«

»Nee, der sitzt noch an der Bar«, antwortete Jürgen rätselhaft. Erst als alle auf Leo starrten, war klar, um wen es ging. Aber warum?

»He, Leo«, rief Menkovitz zu ihm hinüber. »Wie wär's jetzt mit 'ner kleinen Vorführung?«

Leo, der sich mit dem Wirt unterhielt, drehte sich um. Er lachte erfreut übers ganze Gesicht, als er die beiden Neuankömmlinge sah. Fadeh schob die paar letzten betrunkenen Gäste aus der Bar und schloss hinter ihnen ab.

Und dann geschah etwas, was ich im Leben nicht für möglich gehalten hätte: Dieser sexy Typ, dieser Leo, sprach kurz mit Fadeh, worauf der ein paar Schalter bediente und das Licht dimmte. Vielmehr wurde es dunkel, aber zugleich blitzten bunte Lichtpunkte auf, die Musik wurde lauter – ein geiler Song, Coldplay glaube ich – und Leo ging in die Mitte des Raums und stellte sich vor eine Stange, die ich noch gar nicht bemerkt hatte. Der kalte Stahl, bestimmt drei Zoll dick, glänzte unterm Beschuss der Laser. *Pole Dance*, hier auf der Baustelle? Von ’nem Kerl? Ich traute meinen Augen nicht.

Tatsächlich bauten Paul und die anderen Jungs eine Stuhlreihe vor der Stange auf und nahmen unter begeisterten Rufen und Händeklatschen Platz. Ich schnappte mir also ebenfalls einen Stuhl und setzte mich neben Adi. Leo hatte bereits angefangen, die Stange klarzumachen. Anders konnte man das nicht sagen, denn er blickte sie an wie ein Sexobjekt, legte seine Hände um sie und näherte sich ihr wie zu einem Kuss. Und dann ging es Schlag auf Schlag. Er drehte sich um, als hätte ihn die Stange dazu gezwungen, riss sich plötzlich die Sweaterjacke vom Leib, drehte sich wieder um, sprang plötzlich in einen Handstand und umklammerte dann mit seinen Beinen die Stange, löste die Hände, drehte sich freihändig, wurde immer schneller und schaffte es dabei noch, die Jogginghosen in Richtung Füße zu schieben und mit ein paar raschen Beinbewegungen sogar ganz loszuwerden. Sicher nicht unbeabsichtigt landete die Hose bei uns, genauer gesagt flog sie mir direkt in die Visage. Die Jungs grölten begeistert, als Adi auch noch rübergriff und mir den Stoff aufs Gesicht drückte. Vor Schreck wehrte ich den Angriff ab, aber ich erkannte sofort an Adis Blick, dass er dachte, er hätte mich schockiert. Das wollte ich nicht auf mir sitzen lassen, denn so hetero wollte ich mich nicht geben, also grabschte ich nach der Hose, suchte den Schritt und rieb mir die Stelle selbst in die Fresse, grunzte dabei sogar extra derb. Beifällig lachten die Jungs und stöhnten wie angewidert auf, meinten, dass ich eine Drecksau sei und sowas. Dabei war außer Waschmittel nichts zu riechen gewesen, die Hose duftete aprilfrisch. Dann aber widmeten wir unsere Aufmerksamkeit wieder Leo. Beinah hatte ich einen Tanga erwartet, aber die schwarzen Shorts, die er trug, waren mir lieber. Inzwischen hatte er sich auch des Shirts entledigt. Er zog den nackten Oberkörper hoch – was für tolle Muskeln, und der dichte, schwarze Busch in seiner Achselhöhle machte mich ganz wuschig! –, und mit einem Überschlag war nun sein Kopf oben und die Füße in den coolen Sneaks unten. Aber nicht auf dem Boden, sondern immer noch umklammerte Leo mit seinen Beinen den *Pole*. Hatte ganz schön Kraft, der Bursche! Während er die Arme lang streckte und die Stange oben mit den Händen packte, bog er den Körper zum Halbkreis, weg von der Stange. Drehte und drehte sich unablässig dabei. Drückte seinen geilen Knackarsch an die Stange, ritt einen imaginären Schwanz an ihr, so überzeugend und aufreizend, dass mir wirklich die Hose dick wurde. Nervös blickte ich zu den anderen. Ich konnte verstehen, warum Kerle scharf wurden, wenn eine heiße Tussi an so 'ner Stange tanzt, aber was war mit denen hier? Hier tanzte ein Typ an dem Ding. Waren die alle schwul, war Leo schwul? Oder war das alles nur eine alberne Lachnummer? Dazu war Leo aber zu professionell.

»Der macht das echt super«, raunte ich Adi zu, der seine Augen keine Sekunde von Leo löste.

»Klar, ist sein Nebenjob«, meinte er beiläufig.

Na dann … Er war also wirklich Profi. Dann war das alles vielleicht doch ein unschuldiger Partyspaß. Jeder wusste, dass Leo eine tolle Show bieten konnte, und in Ermangelung einer Braut freute sich Paul halt über Leos Darbietung. Ich war beinahe erleichtert über meine Erklärung. Und trank die Schnäpse, die Fahed andauernd anbrachte, während Leo weiterhin Akrobatik pur bot und sich dabei so kraftvoll und männlich und sexy präsentierte, dass ich vor Aufregung manchmal vergaß, mit den anderen anzustoßen. Ich kippte das Zeug einfach runter, einen nach dem anderen, wobei mein Blick wie gebannt an dem halbnackten Kerl hing, der sich da an der Stange drehte und mit ihr regelrecht Sex hatte. Und bald schon drehte sich auch alles andere. Jetzt, wo wir unter uns waren, konnten wir uns richtig amüsieren. Wir waren besoffen und wurden laut. Menkovitz war mir egal, er machte ja auch mit. Als Leo seine Show unter unserem kräftigen Applaus zum Abschluss brachte – mit einem Salto rückwärts! –, waren wir alle schon so betrunken, dass wir Fahed lautstark befahlen, die Disco-Mucke weiter laufen zu lassen, denn Menja wollte auch zeigen, was er draufhatte. Er schlug sich recht wacker, wenn man seinen Zustand mit einrechnete, aber im Vergleich zu Leo war es natürlich armselig. Eher suchte er Halt an der Stange und seine Versuche, sie in sein Getanze mit einzubeziehen, wirkten eher komisch als sexy. Immerhin schaffte er es, für einen Augenblick kopfüber von der Stange zu hängen, bevor er unsanft zu Boden rutschte. Und ich schaffte es, ihn mit meinen Augen aufzufressen, wenn ich auch nicht mehr ganz klar sehen konnte. Junge, war der lecker, dieser Menja! Paul nahm seinen Platz ein. Er überraschte uns, weil er sofort die Stange mit beiden Händen packte und sich unter unserem Gejohle rasend schnell um sie drehte, wobei er sogar ein paar Mal die Füße vom Boden bekam und beinahe flog. Allerdings war ihm nach der Nummer speiübel, worüber wir uns schadenfroh schieflachten. Menkovitz und Jürgen probierten ein Duett, aber es war schnell bemerkbar, dass sie trotz Suff bemüht waren, auch ja ganz hetero und männlich rüberzukommen. Wie zwei tapsige Bären stapften sie im Kreis herum, ohne jedes Gefühl für Rhythmus oder Effekt. Wir buhten sie zu Recht aus. Es war klar, dass ich jetzt an der Reihe war, denn Adi stand bei Fahed an der Bar. Ich wollte kein Spielverderber sein und war auch irgendwie in Schwung, darum näherte ich mich der Stange wie für einen coolen Anmachversuch, umarmte sie, rieb mich an ihr, ließ mich sogar dazu hinreißen, sie mit breiter Zunge abzulecken – zumindest andeutungsweise –, machte schließlich eindeutige Fickbewegungen. Mann, war ich breit! Die anderen grölten und klatschten begeistert in die Hände, aber als der Song zu Ende war, hörte ich dann doch lieber auf. Meine Blase war randvoll, darum ging ich erst mal pissen.

Vielleicht hatte ich doch länger gebraucht auf dem Klo, als ich dachte, denn als ich wieder rauskam, war die Show vorüber, die Musik leise, und alle schienen verschwunden. Dann sah ich Leo mit Fahed an der Bar.

»Was ist denn los?«, fragte ich die beiden, nachdem ich wankenden Schritts bei ihnen ankam.

»Die Jungs sind noch in die Zweier. Hatten es plötzlich eilig«, antwortete Leo und sah mich an. Er wirkte furchtbar nüchtern. Und sah furchtbar gut aus. Ich versuchte, mich zusammenzureißen. »Kannst ja nachkommen, haben sie gemeint«, fügte er hinzu.

Ich setzte mich auf einen Barhocker, was gar nicht so einfach war. »Ach, ich hab glaub ich genug für heute.«

Wortlos stellte mir Fahed einen Espresso und Zucker hin, bevor er sich wieder ans Gläserpolieren machte. Leo grinste mich an. Ich nahm einen Löffel Zucker, rührte um und trank das starke Gebräu. Das tat gut!

»Weißt du, du warst echt nicht so schlecht vorhin an der *Pole*«, sagte er unvermittelt. Ich glotzte ihn nur an. »Die Stange. Fand Menkovitz übrigens auch.« Er sagte das, als ob es was zu bedeuten hätte.

»Na und?«

Leo war anzumerken, dass ihm meine Reaktion die Lust zum Weiterreden genommen hatte. Er drehte sich wieder zum Tresen und trank einen Schluck von seiner Cola. »Schon gut«, wollte er das Gespräch abbrechen.

Aber so besoffen war ich nicht, dass ich mir die Gelegenheit entgehen lassen wollte, mich mit der geilen Sahneschnitte zumindest zu unterhalten.

»War mein erstes Mal«, versuchte ich einen Scherz, indem ich das so richtig bedeutungsschwanger klingen ließ. Und erntete ein amüsiertes Auflachen von Leo. Ein Anfang. Sein prüfender Blick zeigte mir, dass er mich nicht so recht einschätzen konnte.

Ich redete weiter. »Aber du, du warst sensationell.« Das Kompliment war nicht mal übertrieben.

Erneutes Auflachen, aber sarkastisch, als ob er sich verspottet fühlte.

»Nein, ehrlich«, beeilte ich mich zu beteuern, »wie du dich bewegst. Einfach nur geil!« Nichts. War er gelangweilt? Er hatte das bestimmt schon tausend Mal gehört.

Er fixierte mich mit seinen hellen Augen. »Darum bucht mich Menkovitz auch gern.«

Vielleicht erwartete er, dass mich diese Info überraschte. Tat sie auch, aber nur, weil ich nicht mit Menkovitz' Part bei der Sache gerechnet hatte. Aber ich fasste mich rasch. »Kann ich mir vorstellen. Adi hat mir erzählt, dass du das auch profimäßig machst.«

»Ach ja? Und hat er dir auch erzählt, dass ich noch mehr mache als an der Stange tanzen? Für Geld?«

Wow! Ich hielt seinem Blick stand. »Nee, aber das ist ja deine Sache.«

Leo nickte nur stumm und trank wieder. Mir ging ein Gedanke im Kopf herum.

»Mit Frauen?«

Er sah mich an.

»Ich meine, machst du's mit Frauen, oder …?«

»Beides«, kam es tonlos.

»Und was ist dir lieber?« Ich wollte es unbedingt wissen.

»Warum? Spielt das 'ne Rolle?«

Ich zuckte mit keiner Wimper. »Für mich schon.«

Er grinste und hob spöttisch eine Augenbraue. »Ach, so ist das.«

Keine Ahnung, wie er das genau meinte, aber ich brauchte nicht lange auf die Aufklärung zu warten.

»Willst du mit mir Sex haben? Du kannst doch jeden kriegen, so wie du aussiehst. Warum dafür bezahlen?«

»Wer hat denn was von Bezahlen gesagt?« Ich hatte bestimmt keine Lust, ihn zu kaufen. Und anscheinend fand er ja, dass ich gut aussehe. »Du hast doch auch mal Freizeit, oder?«

Er musterte mich kritisch von oben bis unten, als würde er mich zu ersten Mal wahrnehmen. Begutachtete mich wie eine Ware. »Und du meinst, die verbringe ich ausgerechnet mit dir, was?« Sein Tonfall verriet mir jedoch, dass er durchaus interessiert war.

Ich schaltete in den offensiven Flirtmodus und lachte ihn an. »Wär mir recht, ja.«

Genau in dem Moment mischte sich Fahed ein. »Macht Schluss, Männer, ich will in mein Bett.«

Leo und ich sahen uns unschlüssig an.

»Komm, wir hauen ab hier.«

Ich war froh, dass Leo die Initiative ergriff. Wir zahlten und ich folgte ihm nach draußen. Er blieb unschlüssig stehen, zündete sich dann eine Kippe an.

»Und jetzt?«, fragte ich, selbst nicht ganz sicher, wie das weitergehen sollte.

Wieder ein abschätzender Blick. »Bist du überhaupt noch fit?«

Die Frage war nicht unberechtigt. Aber ich hatte gelernt, dass man bestimmte Gelegenheiten nicht verstreichen lassen durfte. Das war so eine. Und es ging mir auch schon wesentlich besser nach dem Espresso und der Pause eben. Bilder von Leo, wie er an der Stange hing, gingen mir im Kopf rum und schickten einen Gruß in meine Eier.

»Hast du Angst, ich schlaf ein bei dir?«

Er lachte. »Na, dann komm.«

So einfach war das also.

In Leos Höhle

Leo wohnt alleine in einem Container, das ist ein ziemliches Privileg. Kaum drinnen, drückt sich der Kerl an mich und küsst mich geil, sofort richtig mit Zunge und nass und versaut. Er schmeckt genial. Wir sind etwa gleich groß, darum reiben sich unsere Beulen direkt aneinander und die Schwänze werden schnell steif. Ich greife in seine Wuschelhaare und halte den Kopf fest, während ich ihm mit breiter Zunge übers Gesicht lecke. Er schließt die Augen, lässt es zu, brummt wohlig, es scheint ihm zu gefallen. Mich erregt es, diesen Mann zu schmecken, den ich vom ersten Moment an begehrt habe. Am liebsten würde ich ihn von oben bis unten ablecken, jede Stelle, jede Pore. Warum eigentlich nicht? Ich knabbere an seinen Ohren, wandere zum Hals, heb einen Arm nach oben und krieche in seine Achselhöhle. Der T-Shirt-Stoff riecht geil verschwitzt, Hormone pur. Ich schieb das Shirt hoch und bin dran. Sein männlicher Geruch hat sich längst über eine leicht süßliche Duftnote von Duschgel oder Deo gelegt, ist stark genug, um mich beinah high zu machen. Während ich über die behaarte Brust streiche und erst am rechten, dann am linken Nippel lutsche, zieht er sich das Shirt aus.

Ich bin schon auf dem Weg nach unten, küsse und lecke das Sixpack, den Nabel, folge dem dünnen Haarstrich bis zum Hosenbund, dann gehe ich auf die Knie. Beim Anblick des Prügels in der Hose läuft mir das Wasser im Mund zusammen. Ich will das Gesicht dazu sehen, hebe den Kopf. Er fixiert mich mit diesen hellen Augen, grinst mich geil an, legt eine Hand an meinen Hinterkopf und zieht mich ganz langsam ran, bis ich zwischen seinen Beinen vergraben bin. Ich atme tief ein, will mir seinen Duft reinziehen, leider immer noch viel zu frisch, viel zu viel Waschmittel, aber dahinter lauert der Schwanz, darum macht es mich trotzdem geil. Ich fahre an der Schwanzstange entlang, halb von der Hand am Hinterkopf geführt, halb eigenständig, rauf und runter, bis die Hand mich an die Eier drückt. Ich schnaube durch den Stoff, versuche, die Dinger zwischen die Lippen zu kriegen, aber die Hose hindert mich. Der Mann hat ein Einsehen und befreit Schwanz samt Eiern mit einem raschen Handgriff. Die Latte springt mir förmlich vor die Augen, ein langes, dickes Teil, blasshäutig und von dicken Adern überzogen, mit einer hellroten Eichel, die aus dem Vorhautmantel herausäugt. Aber erst mal widme ich mich den Eiern. Eigentlich habe ich nichts gegen Sackhaare, aber bei ihm ist alles sauber rasiert. Das erleichtert den Zugang, wie ich wieder mal feststellen kann, und es lässt sich super an den empfindlichen Kugeln schlecken und saugen, was den Kerl mächtig erregt, denn sein Schwanz tropft wie ein Honigspender. Ich will den geilen Seim auf keinen Fall vergeuden, darum beeile ich mich, ihn mit der Zunge aufzufangen. Dann schlüpft meine Zunge unter die Vorhaut und ich saug den

Rest der köstlichen Bescherung gierig auf. Langsam arbeitet sich die glatte Kuppe aus ihrer Haut heraus, wird von meinen Lippen aufgenommen und von der Zunge umspielt, bis ich Luft hole und mir den dicken Schwanz bis zum Anschlag in die Kehle schiebe. Sofort kommt die Hand wieder an meinen Hinterkopf und drückt mich fest auf den Pflock. Kleine, kaum merkliche Stöße reizen den hintersten Widerstand meiner Gurgel, aber ich wehre mich nicht. Der Schwanz passt, obwohl er mir einiges abverlangt. Und der Gedanke, dass ich den Mann geil mache, weil ich seinen Prügel richtig tief schlucken kann, reicht schon aus, um mich anzuspornen. Ich beiße ganz sanft zu, an der Wurzel, nur um ihm bewusst zu machen, wie tief er in mir steckt, der Schwanz. Leo stöhnt auf, gibt aber meinen Kopf nicht frei, noch nicht. Noch ein paar Sekunden lang hält er mich an sich gepresst, dann erst lässt er mich Luft holen.

»Du geile Drecksau«, grunzt er zufrieden und tätschelt meine Wange.

Ich lache ihn an, freue mich über den gelungenen Maulfick und zeige mit weit herausgestreckter Zunge, dass ich noch lange nicht satt bin. Der Kerl zögert nicht lange, sondern füttert mich sofort wieder mit seiner leckeren Saftlatte. Ich lass mir das Ding schmecken, saug nun hingebungsvoll daran, auf und ab, ganz rein, verwöhne den Schwanz mit größter Lust. Mein eigener wird immer noch von der Hose behindert. Ich schieb sie runter und wichse mich, während mein Kopf schon wieder in den Griff genommen und meine Kehle heftig gefickt wird.

Dann zieht er mich plötzlich hoch, küsst mich leidenschaftlich und zieht mir mein Shirt dabei aus. Nun bin ich es, der abgeschnüffelt und beleckt wird. Und wie! Leos Wuschelkopf macht mich total an, ich spüre Zunge, Atem, Lippen an meinem Hals, meinem Kehlkopf, meinen Schultern, er schleckt durch meine Achselhöhle, grunzt geil und schiebt sich langsam nach unten. Dann ist er an meinen Eiern. Packt mit einer Hand den Sack, zieht zu, fester, zieht nach unten, nimmt sie in den Mund, beide auf einmal. Mann, hat der ein Maul! So klein sind meine Eier nicht, aber er schafft es mühelos, sie verschwinden zu lassen, mit geilem, erträglichem Druck. Und schon versenkt er meine Latte in seinem Lutschmaul, mit einem Happs, genial weich und heiß und wunderbar. Er saugt gekonnt, gleichmäßig und in ziemlich schnellem Takt, mit einer leichten Drehbewegung, wodurch ich beim Blick nach unten Wuschelkopf und Profil im Wechsel sehen kann. Er ist total konzentriert, hat die Augen geschlossen und zieht meinen vollsteifen Schwanz regelrecht ab, während er noch immer am Sack zieht. Das fühlt sich so gut an, dass ich mich völlig seinem Rhythmus hingebe und spüre, wie ich förmlich auslaufe bei der geilen Behandlung. Jede Menge Saft saugt der Kerl aus meinem Rohr, und ich ahne, dass ich irgendwann einfach über den Punkt hinweg bin und ihm ins Maul spritze. Ich will es noch nicht zulassen, aber … Zu spät! Ohne weitere Ankündigung geht das Gefühl in den Orgasmus über, mein Saftfluss wird zu einer pumpenden Schussfolge, mit der ich dem unermüdlichen Bläser meinen Samen in die Kehle spritze. Gott, ist das geil! Aaahhh …

Röchelnd und gurgelnd schluckt er meine Ladung, schiebt seine Lippen bis an die Wurzel und saugt und saugt, bis nichts mehr zu holen ist. Dann erst lässt er meinen ausgelutschten Schwengel aus der weichen, heißen Maulfotze gleiten und schluckt die letzten gesammelten Tropfen runter. Mit einer Hand presst er von unten her noch mal den Samenleiter aus und schleckt in den Pissschlitz, um auch ja nicht das geringste Quäntchen zu vergeuden.

»Das ging schnell«, meint er schließlich, aber eher belustigt als vorwurfsvoll.

Ich lache erschöpft, merke auch wieder den Alkohol, der von links hinten den vorzeitigen Orgasmus ausnutzt, meine Sinne noch zusätzlich zu verwirbeln.

»Aber saulecker«, höre ich Leo sagen. »Hast du noch mehr davon? Oder war's das jetzt?«

Die Frage lässt sich im Moment nicht so leicht beantworten. Eigentlich wäre ich hier und jetzt bereit, mich lang zu legen, aber andererseits …

»Wenn du mir 'ne kleine Pause gönnst, hätte ich schon Lust auf eine zweite Runde.«

Leo steht auf und lacht. »Geht klar. Du hast fünf Minuten.« Erneutes Lachen, als er meinen schockierten Gesichtsausdruck sieht. Dann wischt er sich über den Mund, der noch Spuren der Schleckerei zeigt, zieht sich die Hosen hoch und geht, immer noch lachend, zum Kühlschrank. Gerne nehme ich die eiskalte Dose Energy-Drink an, steh aber immer noch dämlich mit heruntergelassener Hose und Schwanz auf Halbmast da. Leo wirft sich auf eine Koje, rutscht zur Wand und klopft auf den freien Platz neben sich. »Na, komm, du müder Krieger«, fordert er mich auf, »wir ruhen uns ein bisschen aus. Von mir aus kannst du auch hier schlafen, wenn du groggy bist.« Mit einer Kopfbewegung zeigt er auf die zweite Koje.

Vorerst schlüpfe ich lieber neben ihn. Der war nicht nur sexy, dieser Leo, der war auch nett! Er kuschelt sich an mich, legt vertraulich den Kopf auf meine Brust. Ich streiche ihm durch die Haare, aber selbst das strengt mich an. Ich lasse es und schließe die Augen …

Was ist da los? Ich liege auf der Seite, vor mir eine Wand. Bin völlig verwirrt, bis ich was an meinem Hintern spüre. Nass. Ein Griff nach hinten bestätigt mir: Da macht sich einer zu schaffen. Einer mit einem ziemlich großen, harten Schwanz.

Leo.

Mein Bewusstsein kommt zurück, aber ich bin so schlaff und verschlafen, dass ich keine Kraft habe, mich zu wehren. Ausweichen kann ich auch nicht, darum lasse ich einfach zu, dass die Wünschelrute schließlich mein Loch findet und eindringt. Irgendwie hat der Kerl es hingekriegt, mich im Schlaf zu drehen, mir die Hosen runterzuziehen und meine Rosette einzuschmieren. Darum ist mein Loch schön flutschig, die Schwanzkuppe rutscht rein, ohne jeden Widerstand. Vielleicht hilft auch mein halb komatöser Zustand dabei, denn ich fühle mich zwischen tiefenentspannt und ohnmächtig. Mehr Druck jetzt, ich stöhne leise auf, aber es ist durchaus angenehm, wie der Bolzen meinen müden Arschkanal aufspreizt. Mit schweren Armen greife ich nach hinten, aber Leos Oberkörper ist weiter weg, als ich erwartet hab. Seine Lenden pressen sich an meinen Arsch, drücken den harten Prügel langsam tiefer, während er halb auf dem Rücken entspannt auf der

Matratze liegt. Ich will ihm näher sein, versuche, ihn an mich zu ziehen, bis er sich endlich bewegt, sich an mich schmiegt, mich umarmt. Dann hilft er mir, meine Hosen loszuwerden. Plötzlich werde ich wach, hab es eilig, heb ein Bein an und komme dem eindringenden Schwanz mit meinem Arsch entgegen. Er stochert ein bisschen herum, bis der nächste Schließmuskel aufgibt und das nächste Stück Schwanz in mich reinrutscht. Geil! Jetzt stöhnen wir beide, denn er fängt an zu ficken. Mann, fühlt sich das gut an! Ich merke, wie ich langsam aufgehe, der Schwanz tiefer rutscht, spüre jedes Zucken, das er mir in die Eingeweide schickt. Ohne Eile sind seine Stöße, mit Genuss und beinah zärtlich. Nach und nach fühle ich mich so wohl, dass ich vergehen möchte. Ich lass mich so locker und willig ficken wie sonst nur, wenn ich den Typen schon kenne. Kann richtig abheben, stöhne ins Kissen, will, dass es nie aufhört.

Fast unmerklich schiebt sich mein Ficker über mich, drückt meine Beinschere weiter auseinander und zieht mein Becken hoch. Er packt meine Hüften und setzt mehr Kraft in seine Stöße. Jede seiner Bewegungen ist so im Einklang mit meinem Körpergefühl, als wären wir ein eingespieltes Team. Denn auch ich will mehr Tempo jetzt, will es heftiger, wilder, werde tierisch geil. Ich sporne ihn an, fordere ihn auf, mich richtig durchzuficken, drücke meinen Arsch hoch, um ihn ja so tief wie möglich in mir zu spüren. Mein Schwanz ist inzwischen so hart geworden, dass ich jedes Mal, wenn ich automatisch mein Loch zusammenpresse, weil die Prostata gereizt wird, einen Schwall Vorsaft loswerde. Das krampfartige Zucken muss dem Schwanz in mir wohl ziemlich guttun, denn mein Ficker steigert die

Geschwindigkeit der Stöße unter wollüstigem Stöhnen, und dann entlädt er sich mit einem Aufschrei. Ich kann spüren, wie sich der Schwanz aufbäumt und pumpt und pumpt, bin selbst so erregt, dass ich kurz vorm Kommen bin, dränge meine Kiste an den Kerl, will ihn weiter in mir haben, will –

Mit einem Ruck zieht er seine tropfende Latte aus meiner Muffe, dreht mich um und legt sich auf mich drauf. Wir sind beide nass und verschwitzt, unser Atem rast, mein Herz klopft wie verrückt. Noch während er um Luft ringt, küsst er mich, nass, heiß, geil. Sein Schwanz reibt sich an meinem Ständer, fühlt sich noch immer groß und dick an, ist jedenfalls noch halbsteif. Leo setzt sich auf meinen Bauch, hebt sich aus den Knien und greift mit einer Hand nach hinten an meinen Schwanz. Ich ahne, was kommt, und kann es doch nicht fassen. Aber da lässt mich der geile Kerl schon in sich eindringen, schiebt seine butterweiche Arschfotze über den harten Schwanz und hört nicht auf, bis ich bis zum Anschlag in ihm stecke, umschmiegt von seinem geschmeidigen Fickfleisch. Wahnsinn! Die Nähe, die Verbindung, die ich zu dem Mann empfinde, fühlt sich so gut an, dass es beinah weh tut. Wie er mich ansieht! Ist das wahr?

Er wirkt völlig losgelöst, völlig frei, als er so auf mir sitzt und sich meinen Schwanz einführt, ihn jetzt ganz sacht massiert, reitet. Sein Blick brennt sich in meine Hirnwindungen, ich bin völlig hingerissen von dem Typ. Das fühlt sich so geil an!

Leo.

Ich zieh sein Gesicht zu mir herunter und küsse ihn.

Diesen sinnlichen, breiten Mund, der so geil knutschen und blasen kann. Diese geile, wunderbare Drecksau!

Und weil sein Blick mich so sicher gemacht hat, mir so klar seine unverhüllte Lust gezeigt hat, werde ich jetzt mutiger.

Ich drehe ihn um, will seinen sexy Arsch sehen, wenn ich ihn ficke. Der Kerl lässt sich mühelos manövrieren, kniet sich auf die Matratze und streckt mir seine Kiste hin, wartet entspannt auf alles, was kommt. Ich greife ihm zwischen die Beine und hol den Schwanz nach hinten, schlecke und sauge daran, was Leo ein wohliges Brummen entlockt. Weiter durch die Kerbe, rein ins flutschige Loch, ziehe mit beiden Händen die drallen Backen auseinander, um besser ranzukommen, schlabbere und sauge an der sensiblen Schleimhaut.

»Fick mich. Bitte, fick mich.«

Zuerst erreichen die gekeuchten Worte nur meine Ohren, kaum verständlich, aber eine Sekunde später kapiere ich. Und bin begeistert. Nichts ist mir lieber, als die Bitte zu erhören, also klopfe ich an, drehe mit der blanken Eichel ein paar Runden über dem zuckenden Loch und schiebe sie dann durch den Muskelring. Und kurz entschlossen auch gleich weiter. Leos Rücken krümmt sich, als ich eine empfindliche Stelle passiere, aber gleich darauf entspannt er sich wieder – und ich bin drin. Als der hochgereckte Hintern nun beginnt, an meinem Ständer auf und ab zu gleiten, muss ich wieder an Leos Stangentanz denken. Wie er da den imaginären Schwanz abgeritten hat. Fasziniert beobachte ich die Bewegungen des Knackarschs, direkt vor mir, direkt an meinem Schwanz, bin super happy, dass der

Traum wahr geworden ist, dass der Kerl mich ranlässt. Und wie! Er lässt sich so genial ficken, setzt jeden Muskel ein, reizt mich mit jeder Faser seines Gewebes und ist dabei so saftig, als hätte er schon fünf Ladungen Sperma drin.

Der Gedanke bleibt haften, und probeweise fische ich nach einer Portion der hilfreichen Körperflüssigkeit. Riecht tatsächlich nach Sperma, aber manchmal riecht die Saftmischung da hinten ähnlich, das kenne ich. Irgendwie finde ich die Vorstellung geil, Leo könnte bereits eingespritzt sein. Wer weiß, was er getrieben hat, bevor er in der Bar aufgetaucht ist? Mein Schwanz wühlt sich in das heiße, nasse Futteral, ich ficke in langen, kräftigen Strichen rein in das Wohlgefühl, packe den Kerl und bocke ihn durch, merke, wie der Druck aus den Eiern weiter hochkriecht. Leo legt den Kopf zur Seite, so kann ich sein Gesicht sehen, erhitzt und verschwitzt, aber trotzdem total entspannt, die Augen geschlossen. Er genießt den Fick, seine Fotze ist ganz Geschlechtsorgan, erregbar und genauso empfindsam wie sein Schwanz, das ist offensichtlich. Auch das kenne ich und es freut mich, dass wir dieses Empfinden teilen, und zugleich macht es mich unheimlich geil.

Um meinen Orgasmus hinauszuzögern steige ich erst mal aus und drehe den Mann auf den Rücken. Wieder folgt er meinen führenden Handgriffen ohne Anstrengung, liegt jetzt mit gespreizten Beinen vor mir, hebt sein Becken an und präsentiert mir sein Loch wie eine Preisnutte. Die gut durchblutete Körperöffnung glänzt nass und zuckt einladend, die schwarzen Haare drum herum verleihen dem Schauspiel eine ordentliche Prise Schlampigkeit, das macht mich tierisch an. Ich umfasse mit jeder Hand ein Fußgelenk und bugsiere das lockende Ziel direkt vor meinen Fickbolzen. Unsere Blicke fangen sich, bleiben aneinander hängen, während ich ganz langsam einfahre. Er streichelt meine Seiten, geht mir dann an die Nippel und sieht mich mit so geil glitzernden Augen an, dass wollüstige Schauer durch meinen Leib jagen von den Reizen überall.

»Ich komm gleich«, flüstere ich.

Er lächelt glücklich. »Ja, komm.«

Ich konzentriere mich auf den Höhepunkt, spüre jeden Nerv in meinem Schwanz, jedes Vibrieren des schmiegsamen Gewebes, registriere den stetigen Druckaufbau, bei jedem Stoß, bei jeder Bewegung, höre uns beide im Gleichklang stöhnen, merke, dass er am Wichsen ist, verliere mich in seinen Augen – und explodiere. Noch während ich in ihm abspritze, eilt Leo dem eigenen Orgasmus entgegen. Er wichst rasend schnell und ächzt und seufzt, bis das Sperma in hohem Bogen aus seiner Schleuder schießt. Wahnsinn! In einem merkwürdigen Übergang wandelt sich sein angestrengtes Ächzen zu einem befreiten und gleichzeitig erstaunt klingenden Lachen.

»Mann«, keucht er, »was war das denn?«

Ich hab keine Ahnung, was er meint, bin selbst noch nicht wieder ganz Herr meiner Sinne. Sein Abschuss ist wirklich außergewöhnlich gewesen, das stimmt. Dann aber – mein Schwanz ist bereits rausgerutscht aus dem heißen Kerl – umarmt er mich und zieht mich an sich, küsst mich.

»War das geil, war das geil …!« Er atmet noch immer schwer, genau wie ich, doch seine überschwängliche Begeisterung lässt nicht nach. Er lacht und küsst mich dann wieder im Wechsel. Ich kann das nicht ganz nachvollziehen. Ja, es war geil gewesen, aber ich will einfach nicht glauben, dass die Nummer für den Profi Leo so was Besonderes gewesen sein soll. Ich erwidere seine Küsse gerne, ohne jedoch in seine Lobpreisungen einzustimmen, auch wenn seine Augen mich anfunkeln, als wäre ich eine Offenbarung. »Du bist so geil, so geil.«

Ich streichle ihn wie zur Beruhigung, bremse seine Küsse sanft aus und weiß nicht recht, wie ich seine Reaktion finden soll. Um ehrlich zu sein, bin ich mit meinen Gedanken schon beim Aufbruch, will gehen, will in mein eigenes Bett, will schlafen. Und gleichzeitig schimpft eine innere Stimme mit mir. Hab ich mir nicht gewünscht, diesem Kerl nahe zu sein, mit ihm Sex zu haben, sobald ich ihn gesehen hatte? Jetzt liege ich hier bei ihm, wir sind nackt, haben gerade miteinander gevögelt vom Feinsten, und ich will weg? Was bin ich doch für ein Idiot!

Also bleibe ich. Für Leo scheint das eh selbstverständlich, denn er hat sich schon vor mir zusammengerollt, angelt mit einem Fuß nach der Decke und kuschelt sich ein. Auch mich versorgt er, bevor er schließlich mit einem Arm nach hinten greift und mich an sich drückt.

Ich küsse zärtlich sein Ohr, das aus dem Haardschungel herauslugt. »Soll ich das Licht ausmachen?«

»Gleich«, kommt es müde und zufrieden von Leo. Er hat nicht vor, mich loszulassen.

Auf einen Arm aufgestützt studiere ich sein Profil, finde alles toll an dem Mann, bin irgendwie überfordert und verwirrt. Ein Gedanke von vorhin schleicht sich plötzlich wieder an.

»Sag mal, kann es sein, dass du mit jemand gefickt hast, bevor du in die Bar gekommen bist?« Die Frage ist ausgesprochen, bevor ich noch mal drüber nachdenken kann, eher aus Redelust denn aus wirklichem Wissensdrang.

»Warum?«, fragt er, beinah schon eingedöst.

»Ich mein nur so …« Ich hab keine Lust zu erzählen, woher mein Verdacht kommt. ›Weil du vorhin igendwie ausgelaufen bist.‹ Sowas will er bestimmt nicht hören.

»Nein, du warst der erste seit … acht Monaten.«

Die Zahl nach der kurzen Denkpause haut mich um.

»Was?« Ich richte mich auf, bin hellwach plötzlich. Im Gegensatz zu Leo, der mich gähnend wieder runterzieht. Dann aber aufsteht und das Licht ausmacht. Ich bleibe still, merke, dass er nicht darüber reden will, und da ist er auch schon wieder zurück unter der Decke, schmiegt seinen nackten Hintern an meinen Schoß und legt meinen Arm um sich, bereit zum Einschlafen.

Ich versuche mich zu entspannen, den Wirrwarr an Gedanken abebben zu lassen, suche den Anfang von diesem Film, gehe weiter zurück bis zu der Stelle, wo Leo an unseren Tisch in der Bar tritt.

›He, musst du immer den Macho raushängen?‹ Er hängt auf Jürgens Schultern und versucht, in dessen Karten zu spähen …

Bald darauf bin ich eingeschlafen.

Tauglichkeits-prüfung

Mein Handywecker weckte mich auf. Die Sonne schien durchs Fenster, Leo schlief noch. Obwohl es mächtig eng in der Koje gewesen war, fühlte ich mich einigermaßen gut. Und nach einer Weile, in der ich den Kerl neben mir begutachtete, ging es mir sogar fantastisch. Ich beugte mich über ihn. Sein Oberkörper lag frei und verströmte einen genialen und sinnlichen Duft, der mir so vertraut schien, dass es mir beinah unheimlich vorkam. Sowas hatte ich noch nie erlebt, oder zumindest lange nicht, ich konnte mich jedenfalls nicht daran erinnern, an dieses Gefühl. Ich hätte sonst was dafür gegeben, einfach bei ihm bleiben zu können. Vielleicht noch mal Sex zu haben, so morgenschwer und entspannt, wie wir waren …

Leo rekelte sich und schlug die Augen auf. Der erschrockene Blick war nicht das, was ich erwartet hatte. »Du bist noch da?«, fragte er ziemlich ruppig.

Meine Gefühle erkalteten schlagartig. »Du hast mich ja nicht gehen lassen.« Wenn schon, dann konnte ich auch bei der Wahrheit bleiben, auch wenn die längst Vergangenheit war. Während er versuchte wach zu werden, stieg ich über ihn und klaubte meine Klamotten vom Fußboden. »Aber keine Panik, ich bin schon weg.« Verdammt, ich kam in den Sneaker nicht rein!

Seine Arme von hinten, sein Kopf auf meiner Schulter. Er streichelte mich.

»He, komm, sorry.« Es klang ernsthaft zerknirscht. »Ich bin morgens immer bisschen schwer von Begriff.« Er küsste meinen Hals.

Mein Ärger, der mehr Enttäuschung war, verflog. Aber gehen wollte ich trotzdem jetzt, denn auch die Lust auf Sex war futsch. Ich tätschelte seine Arme und lächelte ihn an. »Kein Problem. Ich hau jetzt ab. Dann kann ich bei mir noch duschen, bisschen frisch machen für die Arbeit.«

Er nickte verständnisvoll, schien auch froh zu sein, dass ich gehen wollte.

Ich strubbelte ihm durch die Haare. »Obwohl ich deinen Geruch lieber an mir behalten würde.«

Er lachte geschmeichelt über das Kompliment. »Dann lass die Seife weg. Und nach der Arbeit kommst du zu mir. Ich will dich verschwitzt.« Seine lange Nase bohrte sich in meine Achsel und er machte Schnüffellaute.

»Du kleine Drecksau«, meinte ich schmunzelnd, befreite mich aber dennoch und stand auf, nahm Handy und Schlüssel an mich.

Leo gab auf, ließ mich los und legte sich wieder lang. »War das ein Nein?«

»Das war ein ›Mal sehen‹«, erwiderte ich mit gewollter Coolness in der Stimme. Ich wollte mir tatsächlich alle Optionen offenhalten, auch die, heute mal früh zu schlafen. Es war bestimmt nicht schlecht, ein bisschen Abstand zu dem Burschen zu bekommen. Wir würden uns sowieso wieder über den Weg laufen in diesem Mikrokosmos Baustelle. Nachdem er keine Anstalten machte aufzustehen, beugte ich mich über ihn und gab ihm einen Abschiedskuss.

»Das war klasse«, sagte ich leise.

Er nickte.

Ich ging.

Menkovitz verzog keine Miene, als ich zur Truppe stieß. Aber ich registrierte, dass er mich jedes Mal beobachtete, sobald ich aus der Fahrerkabine kletterte. Er hing auch öfter als sonst am Handy, und irgendwie hatte ich das komische Gefühl, es ging dabei um mich, denn er sah mich so merkwürdig an zwischendurch. In der Mittagspause winkte er mich zu sich. Er stand ein bisschen abseits neben einem Bagger.

»Na, du wirkst ja recht frisch nach dem wilden Abend gestern«, begrüßte er mich gut gelaunt. »Leo meint, du bist dabei.« Er sagte das so, als ob ich es verstehen müsste.

Ich verstand natürlich gar nichts.

»Wo dabei?«

Menkovitz sah mich verdutzt an. »Na mit Leo und so.«

Keine Reaktion von mir.

»Du weißt doch, was der macht, oder?« Er setzte immer noch voraus, dass ich im Bilde war. So langsam dämmerte mir allerdings eine Vorstellung.

»Was hat das mit mir zu tun?« Nun wollte ich es auch wissen.

Er lachte verwundert auf. »Sorry, Benni, da hab ich vielleicht was falsch verstanden.« Er schüttelte ratlos den Kopf, überlegte. Dann: »Aber wenn ich jetzt schon mal dabei bin: Du wärst genau der Richtige. Wenn du dir also bisschen Kohle nebenher verdienen willst …, dann sag mir Bescheid.« Damit wollte er gehen, doch ich hielt ihn fest.

»Was muss ich machen? Und wie viel springt dabei raus?« Das Geld war mir egal, es war sicher nicht viel, aber die Sache machte mich neugierig.

Menkovitz lachte über mein ungestümes Interesse. »Erst mal«, meinte er und streckte die Hand aus, »ich heiß Günther.«

Ich schlug ein.

»Was du machen sollst? Na, tanzen.«

»Nur tanzen? Günther?« Er wollte mein Kumpel sein, mein Freund? Dann musste er sich auch so verhalten, dieser Menkovitz.

»Warum? Was willst du denn noch machen?«

Ich war mir ziemlich sicher, dass er mich verarschte, auch wenn er voll den Unschuldigen spielte. »Du hältst mich wohl für dämlich? Leo hat mir erzählt, was bei euch los ist. Also rück schon raus damit.«

Er sah sich kurz um, ob uns auch niemand hören konnte. »Wenn du's bringst, kann ich was organisieren. Meinst du, du schaffst das?«

Es war klar, um was es ging, darum wollte ich lieber gleich mit offenen Karten spielen. »Also mit Frauen, das ist nicht mein Ding.«

Auflachen, als hätte ich einen guten Witz gemacht. »Wir sind hier nicht in 'nem Kurort, Kleiner. Hier gibt's nur Männer, die ficken wollen. Oder gefickt werden wollen.

Meinst du, ich bin von gestern? Hab doch gewusst, dass du schwul bist.«

Mich interessierte nicht, warum oder wann er das registriert hatte, ich wollte es nur klargestellt haben. »Das mit dem Tanzen war doch nicht ernst gemeint, oder?« Ich konnte mir das echt nicht vorstellen, aber er nickte zur Bestätigung.

»Doch, das wär schon geil, wenn du das probierst. Es gibt immer mal wieder die Partynummer hier in der Gegend, das hat fast schon Tradition, wenn einer Geburtstag hat oder einfach so mal feiern will. Und Leo kennen schon alle, da ist Frischfleisch willkommen, auch wenn die meisten lieber 'ne Tussi an der Stange sehen.«

Eine Frage quälte mich.

»Wissen die anderen dann, dass ich so 'ne Art Stricher bin?« Der Kosmos der Baustelle war nur begrenzt belastbar, ich wollte mir nicht den eigentlichen Job versauen. Aber Menkovitz zerstreute meine Bedenken.

»Die Typen, die sich bei mir melden, sind keine Kumpels vom Bau hier. Es sind Bonzen aus der Stadt, oder irgendwelche braven Bauern aus dem Umland, die sich nach ein bisschen Abwechslung sehnen und sich das auch was kosten lassen.«

Ich bekam ein flaues Gefühl im Magen, aber ich wollte trotzdem den nächsten Schritt machen. »Okay, bin dabei.« Meine Stimme klang unsicher, doch Menkovitz war erfreut über meine Zustimmung.

»Alles klar.« Mehr nicht. Keine Verabredung, um eine Einweisung zu erhalten, kein weiteres Wort über Ablauf und Bezahlung.

»Und wie geht's jetzt weiter?«, fragte ich, um wenigstens irgendwas rauszukriegen.

Er schlug mir an die Schulter. »Ich meld mich bei dir. Kann ein paar Tage dauern.«

Damit drehte er sich um und ließ mich stehen.

Mir war nicht nach Leos Gesellschaft an diesem Abend, darum sagte ich ihm ab, obwohl ich gerne mehr von ihm über meinen neuen Nebenjob erfahren hätte. Aber es würde mir sicher guttun, mich erst mal allein zu sortieren und alles zu verarbeiten, was in den letzten Tagen passiert war. Darum war ich froh, dass Milan an diesem Abend was vorhatte. Leo meldete sich nicht noch mal, und ich wusste erst nicht, ob ich das gut oder schlecht finden sollte. Egal, ehrlich gesagt war es mir ja ganz recht. Vielleicht ging es ihm ähnlich, und er brauchte mal seine Ruhe. Oder aber – der Gedanke lag nahe genug, um sich aufzudrängen – er erledigte gerade einen Job für Menkovitz. Ich sah seinen halbnackten Körper vor mir, verschwitzt an der Stange, seinen geilen Schwanz, den irgendein Typ lutschte, den Knackarsch von hinten, wie die Muskeln sich beim Fick in irgendein Loch bewegten.

Würde ich das auch können? Mit jemandem Sex haben, den ich nicht geil fand, oder sogar abstoßend? Müsste ich es dann trotzdem? Ich hatte in meinem Leben schon mit etlichen Typen gevögelt, die nicht gerade dem üblichen Standard entsprachen, ich nahm es da nicht so genau. Darum glaubte ich schon, dass ich der Sache gewachsen war. Nach und nach wurde mir klar, dass ich die Vorstellung sogar aufregend, erregend fand, irgendwo hinbestellt zu werden und dann einem – oder mehreren – Unbekannten gegenüberzustehen, und es völlig klar war, dass ich für die Erfüllung ihrer sexuellen Wünsche zur Verfügung stand. Ich ließ ein paar fiktive Szenen im Kopf ablaufen, wurde geil und holte mir einen runter. Kurz vorm Abspritzen zögerte ich. Sollte ich mir die Ladung – und die Geilheit – nicht lieber für das aufheben, was schon morgen passieren könnte? Ach, was soll's! Ich spritzte ab. Ohne hätte ich sowieso nicht einschlafen können.

Tatsächlich bat mich Menkovitz – Günther! – am nächsten Tag, später noch zu ihm zu kommen. Wilhelm und Michi waren enttäuscht, dass ich ihnen schon wieder einen Korb gab, zumal mir nur eine fadenscheinige Entschuldigung einfiel. »Bin heute nicht so fit«, log ich mit gestresstem Gesichtsausdruck, um weitere Fragen abzuwiegeln. Den wahren Grund für die Absage wollte ich ihnen natürlich nicht sagen.

Also klopfte ich um neun brav an die Tür von Günthers Container.

»Jou«, kam es von drinnen.

Er kam mir entgegen und begrüßte mich herzlich. Wir waren allein. Eigentlich hatte ich Leo erwartet. Günther öffnete zwei Bierflaschen, wir setzten uns, und er redete nicht lange um den heißen Brei herum.

»Was wichtig ist für mich, ist zu wissen, was du so drauf hast. Ich meine in puncto Sex.«

Ich nickte und nahm noch einen Schluck aus der Flasche. Er redete weiter.

»Also, wie sieht's aus? Was kommt für dich auf keinen Fall in Frage?«

Obwohl ich sonst nicht schüchtern bin, war die Situation schwierig. Schließlich ging es hier nicht um Kuchenbacken. Die Frage war schon schwer zu beantworten, wenn ein Freund oder Fuckbuddy sie stellte. Und Günther kannte ich kaum. Und er war mein Vorgesetzter. Aber es war klar, dass er eine Antwort erwartete.

»Na ja, im Grunde stehe ich auf Ficken, Lecken, Blasen.«

Er nickte ermunternd. »Aktiv oder passiv?«, hakte er nach.

»Beides.«

»Also beidseitig bespielbar. Gut. Und sonst?«

»Was sonst?«

»Na, andere Spielchen. Natursekt. Kaviar. Fisten. SM. Wie sieht's damit aus?«

Ich verzog angewidert das Gesicht. »Also Scheiße auf keinen Fall!«

Günther lachte. »Keine Angst, krieg dich wieder ein. Ich muss sowas fragen. Es gibt alle möglichen Perversen da draußen, das brauch ich dir bestimmt nicht zu erzählen.«

Ich lachte mit. Ja, das war wahr, ich hatte schon die schrägsten Fetische mitgekriegt.

»Na, das klingt auf alle Fälle brauchbar«, meinte er schließlich. Und dann ganz unvermittelt: »Zieh dich mal aus.«

Ich sah ihn verdutzt an. Aber er meinte es ernst.

»Ich muss ja auch wissen, was ich da verkaufe«, kam es jetzt augenzwinkernd. Dann stand er auf und ließ die Rollläden an den beiden Fenstern runter. Sogar Musik machte er, stellte einen Sender im Handy ein und schaltete eine kleine Box zu. Knipste eine Lampe aus, damit das Licht im Raum nicht so grell war.

Er kommt näher an mich ran. Legt mir die Hände auf die Schultern, sieht mir fest in die Augen. »Alles gut. Zieh dich einfach aus. Ich könnt's auch machen, aber es kann ganz hilfreich sein für die Stimmung, wenn du das selbst machst, mit bisschen Pfiff, wenn du weißt, was ich meine.«

Ich nicke.

»Na gut, dann mach.«

Er setzt sich wieder hin, wartet auf einen Striptease, das ist offensichtlich.

Es ist ein heißer Tag gewesen, und auch jetzt, am Abend, ist noch genügend Hitze gespeichert, sodass ich mir eine knielange Army-Short angezogen habe. Außerdem nur ein ärmelloses Shirt, es gibt also nicht allzu viele Kleidungsstücke, die ich loswerden muss. Ich beschließe, das Ganze als Spaß zu verstehen, und nehme den Rhythmus der Musik auf, bewege mich dazu und mache mich locker. Günther grinst.

»Los, runter mit dem Zeug!«, spornt er mich an.

Ich lupfe das Shirt und zeige meinen Bauch. Nicht gerade ein Sixpack, aber trotzdem präsentabel, damit habe ich kein Problem. Ich spiele mit dem Stück Stoff wie mit einem Theatervorhang, der mal mehr, mal weniger zeigt, bis ich das Shirt über den Kopf ziehe und es zwar noch anhabe, aber es nur noch im Nacken und unter den Armen klemmt. Meine Brust ist nackt, und meine Hände fahren darüber hinweg, über den Bauch und kurz in den Hosenbund, um gleich darauf wieder hochzuwandern und an den Nippeln zu spielen.

»Stehst du drauf, wenn man dir an die Brustwarzen geht?«, fragt Günther. Es entgeht mir nicht, dass seine Hand, die zuerst auf dem Oberschenkel geruht hat, nun in Richtung Beule rutscht.

»Klar.« Ich versuche, meine Stimme verrucht klingen zu lassen. Wenn schon, denn schon …

Es hilft mir, dass der Mann mich wirklich erkennen lässt, dass er heiß gemacht werden will.

»Zeig's mir!«

Kein Grinsen mehr, sondern ernsthaftes Interesse. Das sieht ganz so aus, als ob die Nummer nicht beim Striptease endet! Plötzlich werde ich geil. Der große, muskulöse Kerl gefällt mir sowieso. Wenn er Sex mit mir haben will – warum nicht? Also biete ich ihm eine Show vom Feinsten. Bearbeite eine ganze Weile meine Nippel, bevor ich mich eingehend meiner inzwischen ziemlich dicken Beule widme. Auch Günther packt sich eindeutig zwischen die Beine und massiert seine Keule, deren Ausmaße ich erahnen kann. Ganz schön groß!

»Zeig mir deinen Arsch!«, befiehlt er heiser.

Es kickt mich ganz schön, so einen auf Nutte zu machen, darum drehe ich mich sofort um und klatsche mir selbst mit der flachen Hand auf die Backen, während ich meinen Hintern so gut es geht rausstrecke. Dann öffne ich den Gürtel und lass die Hose ein Stück über die Ritze gleiten, zeig ihm den Einstieg in die Spalte. Fahre mit einer Hand rein bis ganz runter und wieder hoch, bevor ich den Arsch freilege.

»Lecker«, kommt es von meinem Zuschauer.

Ich werfe einen Blick über die Schulter und sehe den dicken Schwanz von Günther, der aus dem aufgeknöpften Hosenschlitz herausragt. Mann, ist das ein geiles Teil! Die Eichel krönt den beschnittenen Pflock wie ein fetter, schwammiger Pilzkopf. Günther bemerkt den Blick.

»Na los, geh schon ran.« Wieder dieser coole Befehlston, der mich erregt. Aber ich hab keinen Bock, in die Knie zu gehen, mache die paar Schritte zu seinem Stuhl und stelle mich so vor den Kerl, dass meine Beule zumindest in Reichweite ist, wenn auch nicht direkt vor seinem Mund. Aber er kann sich ja vorbeugen! Ich greife mit einer Hand ran und reibe meinen sichtbar harten Schwanz in der Hose, der bereit ist für seine Lippen, seine Zunge, sein Maul …

Zu meiner Überraschung schiebt mich Günther beiseite. »Nee, lass mal, Süßer. Ich bin eigentlich stockhetero. Das ist für mich nur ein bisschen Zeitvertreib zwischendurch.«

»Und ein gutes Geschäft«, melde ich mich. Ich bin zwar enttäuscht, dass er meinen Schwanz verschmäht hat, aber ich lass mir auch nichts vormachen.

Er nickt grinsend. »Und ein geiler Spaß.« Mit einer Kopfbewegung auf seinen Ständer erinnert er mich an seinen Befehl. Er muss ihn nicht wiederholen, diesmal beuge ich mich runter, nehme den Schwanzpflock in die Hand, der so heiß wie die Hölle ist, und gönne ihm einen Begrüßungsschlecker.

»Geile Zunge«, kommentiert der Kerl.

Dann sauge ich am dicken Eichelpilz, drücke ihn mit den Lippen, lecke den unteren Rand, bevor ich ihn tiefer schlucke, Stück für Stück, noch mal Anlauf, dann passiert er die Gurgel und ist drin. Nicht so einfach, ich muss noch mal ablassen, pruste kurz und spucke, direkt auf den Schwanz.

Heiseres Lachen. »Nicht schlecht. Mach weiter.«

Ich geh zwischen seinen Beinen in die Hocke, ohne die Hand vom harten Knüppel zu nehmen, und kann jetzt richtig ran. Die Spucke schmiert meine Hand beim Wichsen schön, und als ich jetzt abwechselnd blase und wichse, stöhnt der Mann wohlig auf. Er hilft mit einer Hand am Hinterkopf, bis sein Schwanz bis zum Anschlag in der Kehle steckt, und ruft begeistert »Ja!« und »Geil!«, während ich mich heftig von ihm ins Maul ficken lasse. Ohne mich zu erlösen, stellt er sich auf, hält meine Fresse fest auf seinen Schwanz gedrückt, ich rutsche automatisch auf die Knie, röchle, spucke, ringe nach Atem. Endlich erlaubt er mir, japsend Luft zu holen, packt mein Gesicht und starrt mir mit bösem Glitzern in die Augen. »Das gefällt dir, du kleines Ferkel, wenn man dich ein bisschen härter anfasst, was?«

Ich röchele ein »Ja«, aber er muss merken, dass die Antwort nicht bedingungslose Zustimmung für mehr ist. Für einen Moment befürchte ich einen Schlag ins Gesicht von ihm, aber er hält mir stattdessen nur auffordernd seinen Steifen vors Maul. Willig strecke ich die Zunge raus und bettle darum, gefüttert zu werden, worauf er prompt das Ding wieder reinschiebt. Ein paar Mal zieht er es ganz raus, um es dann wieder bis tief in die Kehle zu drücken. Seine Hände führen meinen Kopf, mal langsam, mal schnell fickt er meine Maulfotze, und ich vergesse meine Rolle, seine Rolle, die ganze Umgebung, die Zeit.

»Nimm die Hände auf den Rücken!«

Ich folge dem Befehl, hatte sowieso nicht gewichst, obwohl es meiner Latte gutgetan hätte, war völlig auf den Schwanz fixiert. Das steigert sich jetzt noch, da meine Hände so ausgebremst sind, mir nicht zur Hilfe kommen können. Nur mein Maul ist nun dafür verantwortlich, dem Kerl geile Lust zu bereiten. Also strenge ich mich an, geb mir richtig Mühe, nehme den Takt auf, auch wenn seine Hände loslassen, blase einfach weiter, bis er mich wieder anpackt und zwingt, in ein anderes Tempo zu wechseln.

Er setzt sich wieder.

Ich schlecke die Unterseite vom Schwanz in voller Länge ab, hol die Eier aus der Hose, die kleiner als erwartet sind, sich aber bestens saugen und lecken lassen. Der Kerl zieht sich sogar die Hose runter, hebt die Beine und lässt mich sein Loch lecken. Und es gefällt ihm, das lässt er sich auch anmerken. Er brummt und grunzt, als ich ihm die Rosette mit der Zunge massiere. Erst, als ich einen Finger reinschieben will, bremst er mich aus.

»Stopp!«

Spaßverderber. Diese Heteros! Wäre das ein normales Date, hätte ich noch ein bisschen Überzeugungsarbeit geleistet, aber in diesem Fall halte ich es für besser, auf die Wünsche des ›Kunden‹ zu achten. Schon senkt er die Füße zu Boden, drückt mir seinen Schwanz an die Lippen, worauf ich gehorsam wieder zu blasen anfange.

»Zeig mir mal dein Loch«, höre ich seine Stimme, erregt und kehlig. Er ist megascharf, der Schwanz steht wie eine Eins, sondert jede Menge geilen Vorsaft ab. Im Knien ziehe ich mir die Hosen vom Hintern, drehe mich um und fasse mit beiden Händen an die Arschbacken, um sie auseinanderzuziehen, damit er mein Loch sehen kann, mein hungriges, geiles Hurenfickloch. Denn genau so fühle ich mich, wie seine Hure, und es macht mich scharf, dieses Gefühl! Er streckt die Beine aus, ein Blick nach hinten zeigt mir, dass er wichst und dabei auf mein Loch glotzt. Ich beuge den Oberkörper auf den Boden, leg mich hin, den Arsch hochgestreckt und die Backen auseinander. Werde abgefingert, angerotzt, eingespeichelt. Die Beine hinter mir, durchgestreckt und kraftvoll, und als ich seine Füße ins Visier kriege, will ich plötzlich ran da. Er trägt noch die Baustiefel, lässt zu, dass ich einen aufschnüre und ausziehe. Ich kann es nicht lassen, schnüffle einmal kurz rein in die geil miefende Höhle. Lecker! Der Kerl beachtet mich kaum, ist mit meinem Loch beschäftigt, aber ich geh ihm jetzt an die dampfenden Qualmsocken. Die dicken Arbeitssocken sind garantiert nicht frisch und riechen genial. Als ich ein paar Zehen in den Mund nehme, reagiert er endlich.

»Du bist ja echt 'ne geile Drecksau, Mann!«

Ich beantworte das Kompliment mit einem Grunzen, denn mein Maul ist vom halben Fuß gestopft, den ich mittlerweile drin hab. Ich streif den Socken ab und nuckle gleich darauf an den nackten Zehen, dazwischen, über die Fußsohle, an der Ferse. Er hat sexy Füße, groß, leicht behaart und überraschend gepflegt.

»Steht deine Frau auch auf deine Füße?« Ich bin neugierig.

»Lass meine Frau aus dem Spiel«, kommt es streng.

Ich lecke wieder am geilen Männerfuß, aber der Herr hat jetzt genug vom Vorspiel.

»Ich will ficken.«

Klare Ansage. Ich bleib in meiner Position, denke, er will, dass ich hier auf dem Boden knie.

»Komm hoch.«

Ich mach's.

»Hosen aus.«

Ich mach's.

»Stell dich da an den Tisch.«

Ich gehe ein paar Schritte vor und lehne mich auf die Tischplatte, Hintern rausgestreckt. Er will, dass ich ihn noch schärfer mache, befiehlt mir, wieder die Backen auseinanderzuziehen, mir ins Loch zu fingern, Spucke draufzuschmieren. Dann spüre ich, wie mein Muskelring gedehnt wird. Ich fasse nach hinten: Es ist sein steifer Prügel. Gleitcreme läuft mir in die Ritze, schmiert den Fickschwanz ein, der sich jetzt tiefer bohrt. Mann, ist der dick! Er reißt mich förmlich auf, die fette Eichel bohrt sich in meinen Arschkanal, es brennt ganz schön, die Dehnung ist enorm. Ein paar Stöße, dann ist die Angelegenheit schon saftiger. Der beschnittene Hengstschwanz zieht seine Bahnen, langsam und kontrolliert, fängt an, richtig gutzutun. Ich dreh den Kopf, will ihn sehen, meinen geilen Bauleiter, wie er mich fickt. Er hat das Handy rausgeholt und auf mein Loch gerichtet, auf seinen Schwanz, der rein- und rausfährt. Die Sau filmt das! Bemerkt meinen Blick.

»Kleiner Werbespot für dich«, meint er nur, bevor er sich wieder der Aufnahme widmet. Und noch: »Geiler Arsch.«

Ich will ihn ein bisschen anheizen, frage nach, ob es seinem Schwanz gefällt in meiner heißen Fotze. Doch er ist anscheinend nicht so der Verbalsex-Typ, schweigt lieber bis auf ein gelegentliches Knurren oder Stöhnen, und fickt vor sich hin. Ich komm den Stößen entgegen, bin längst butterweich gefickt, kann nicht genug bekommen von dem geilen Fickbolzen. Doch der Kerl zieht die Nummer nicht allzu lang hinaus. Er beschleunigt die Stöße, legt das Handy weg und packt mich an den Hüften, hämmert mir sein Ding rein, dass meine Prostata nur so jubelt. Ich presse meine Muskeln zusammen, massiere den Prügel und wichse mich dabei. Dann ein Aufstöhnen, er zieht den Schwanz raus und spritzt mir auf den Rücken. Ich spüre die warme Ladung auf meiner nackten Haut landen, bis hoch zur Schulter. Muss der einen Druck drauf gehabt haben! Ich will auch kommen, wichse wie verrückt und bin auch so weit. Drei, vier Mal krampft mein Schwanz zusammen und schleudert Sperma auf den Boden. Als der Orgasmus abebbt, hat der Typ sich bereits die Hosen hochgezogen und hingesetzt, spielt am Handy rum. Ziemlich kaltherzig, aber das ist ja schließlich alles geschäftlich, da darf ich keine Gefühle erwarten.

»Hast du irgendwo ein Handtuch?«, frage ich ernüchtert.

Zerstreut blickt er auf. Weiß er überhaupt, dass ich noch da bin? Mann, was für ein Arschloch!

»Da hinten«, meint er mit einer Handbewegung zur Spüle, bevor er wieder aufs Handy glotzt. Wie überaus freundlich!

Ich reinige mich, so gut es geht, und zieh mich schweigend an. Dann stehe ich ratlos und unbeachtet da.

»War's das jetzt?«

Keine Reaktion.

»Wo ist mein Geld?« Ich will ihn aus der Reserve locken, damit er wenigstens das verdammte Handy weglegt.

Tatsächlich blickt er auf und lacht amüsiert. »Sieh's als Werbungskosten.«

»Okay.« Mehr wird's wohl nicht werden. Aber so ganz kann ich ihm das nicht durchgehen lassen. »Weißt du, du brichst dir keinen ab, wenn du ein bisschen freundlich bist nach dem Abspritzen.«

»Stell dich nicht so an«, kommt es nur unbeteiligt von ihm. »So läuft das nun mal. Gewöhn dich dran. Wir sehen uns morgen am Bau.«

Damit bin ich entlassen. Scheiße, er hat es geschafft, dass ich mich richtig mies fühle. Ich trabe zu meinem Container zurück, gedankenschwer und schlecht gelaunt. Will ich das wirklich, diesen sogenannten Nebenjob? Wofür? Für ein paar Euro mehr in der Tasche?

Ein dreckiger Job

Am nächsten Tag gab sich Menkovitz, als ob nichts gewesen wäre. Das ging mir ziemlich auf die Nerven, aber ich versuchte, cool zu bleiben. Und dann kam er gegen Ende der Schicht plötzlich zu mir an den Bagger und klopfte an die Scheibe, wollte mit mir reden.

»Wie sieht's aus, hast du heute Abend Zeit? Ich hätte 'nen Job für dich.«

Ich mochte ihn gar nicht ansehen, der bittere Nachgeschmack von gestern zeigte noch Wirkung. »Nee, lass mal. Ich hab's mir anders überlegt.«

»Ist ein gut aussehender Typ. Es gibt dreihundert.«

Dreihundert Euro? Ich war überrascht. Das war mehr, als ich gedacht hätte. Aber ich zögerte noch.

»Was muss ich machen?«

»Wird vielleicht ein bisschen schmutzig.« Er blieb ganz sachlich, kein bisschen Emotion. Aber auch keine weitere Erklärung.

»Was soll'n das heißen: ›Ein bisschen schmutzig‹?«

»Na, Dreck. Schlamm, um genauer zu sein.«

Ich staunte. »So 'ne Art Schlammcatchen, oder was?«

»Ja, aber ohne Catchen. Nur bisschen reinschmeißen und so. Nur Spaß, keine Gewalt.«

»Klingt echt abgefahren. Macht mich nicht grad an.«

»Was ist jetzt, bist du dabei oder nicht?«

Dreihundert Euro. Ich nahm die Summe mal zehn, und das fühlte sich schon ganz anders an. Zehn Nummern, und ich hatte dreitausend Euro! Ich gab mir einen Ruck.

»Okay.«

»Super. Ich sims dir die Adresse. Zieh Bauarbeiterkluft an, am besten so, wie du grade bist, und den Helm. Nimm dir ein Taxi, geht extra. Heb die Quittung auf.«

Damit ging er. Als er ein Stück weg war, drehte er sich noch mal um. »Und nimm dir 'n paar Ersatzklamotten mit!«, rief er mir zu.

Ich sah an mir runter, was ich anhatte: Cargohosen, Stiefel, ein Unterhemd, nicht mehr ganz weiß. Die Hitze heute war beinah unerträglich. Es fiel mir schwer, mich auf die Arbeit zu konzentrieren, checkte andauernd mein Handy wegen der SMS, aber glücklicherweise musste ich nur noch etwas über eine Stunde hinkriegen, dann war es vorbei. Und endlich kam auch die Nachricht. Um 22 Uhr sollte ich am Treffpunkt sein. Die Adresse sagte mir nichts, aber Menkovitz hatte wenigstens auch gleich eine Taxinummer mitgeschickt und die Info, dass die Fahrt etwa eine halbe Stunde dauern würde.

Ohne groß mit jemand zu reden, aß ich ein paar Bissen und duschte dann ausgiebig. Leo rief ein paar Mal an, aber ich ging nicht dran. Ich versuchte, mich auf den heutigen Abend einzustimmen, da konnte ich keine Ablenkung brauchen. Angst hatte ich nicht, doch meine Nervosität stieg von Stunde zu Stunde. Um kurz nach neun trabte ich zum Ausgangstor, im Rucksack Ersatzklamotten, im Magen ein flaues Gefühl.

Der Taxifahrer kam pünktlich und war ein netter Typ, Grieche wahrscheinlich, und wollte gleich drauflosplaudern. »Das ist ja nicht grade 'ne Gegend, wo ich sonst hinfahre. Mitten in der Pampa.«

Ganz klar, er war neugierig, was ich nachts an einem vermutlich abgelegenen Ort zu schaffen hatte.

»Ist so 'ne Art Studie«, antwortete ich vage. Es war das Erste, was mir eingefallen war. Gott sei Dank fragte er nicht nach.

»Na ja«, meinte er nur, »wenn du nachher wieder zurück willst, kannst du dich ja melden. Frag nach Tinos, dann musst du wenigstens die Anfahrt nicht zahlen.«

Darüber hatte ich mir bis jetzt noch gar keine Gedanken gemacht! Ich bedankte mich und ließ sein Gequatsche über mich ergehen, ohne mich daran zu beteiligen. Ich starrte aus dem Fenster. Wir fuhren über eine Landstraße, um uns herum Äcker und Felder, ab und zu ein kleines Waldstück. Es war beinahe Vollmond, der die vorbeigleitende Szenerie in eine messerscharf gezeichnete, aber trotzdem unwirkliche Schwarz-Weiß-Kulisse verwandelte. Ich merkte, wie ich ruhiger wurde, und versuchte, mich zu entspannen und gleichzeitig zu zentrieren. Egal, was passieren sollte, ich würde klarkommen, das spürte ich. Das Beste war, sich einfach treiben zu lassen.

Schließlich bogen wir ab auf eine kleinere Straße, bis der Fahrer vor einem kleinen Gebäude hielt. Es sah aus wie ein stillgelegter Bahnhof, und kein Mensch zu sehen.

Auch Beleuchtung gab es keine. Der Grieche war sichtlich verwundert, dass ich hier wirklich aussteigen wollte, aber ich gab mich selbstsicher, beglich die Rechnung, erhielt eine Quittung und stieg aus. Kaum war der Wagen weg, hörte ich einen Pfiff. Ich drehte mich in die Richtung, aus der er gekommen war, und sah eine Gestalt aus dem Schatten des Gebäudes treten. Das musste mein Freier sein! Er hatte einen Overall an, die Ärmel hochgekrempelt, und ging langsam auf mich zu. Mit einem Bauhelm unterm Arm und einem strahlenden Lachen. Ich staunte nicht schlecht, denn der Kerl, der mir jetzt die Hand ausstreckte, sah richtig gut aus. Er war groß, mochte Mitte dreißig sein, hatte dunkle, nach hinten gekämmte Haare und ein absolutes Modelgesicht: Markante Nase, sinnliche, volle Lippen und unheimlich schöne, ausdrucksvolle dunkle Augen. Und sein Lachen kam herzlich rüber und brachte mich ganz schön durcheinander.

»Hi, du musst Markie sein.«

Ein kräftiger Handschlag, dann: »Konstantin.«

»Hi.« Meine Stimme klang heiser. Markie? *What the fuck* … Menkovitz! Er hatte sich, ohne mir Bescheid zu sagen, einen Decknamen für mich ausgedacht. So ein Wichser!

»Hi. Alles klar?« Er sah mich mit offenem Blick an. Mann, war der lecker!

Ich räusperte mich, bevor ich die Frage bejahte.

»Okay, dann lass uns gehen.« Er drehte sich um und stapfte voran. Der Platz vorm Gebäude war ziemlich versandet, obwohl das früher eine saubere Fläche gewesen sein musste, denn stellenweise zeigte sich der Beton noch. Ein kleiner Weg führte uns durch ein Gestrüpp, hinter dem sich ein waldiges Gebiet erstreckte. Kiefern. Sie standen nicht dicht, das Mondlicht hatte keine Mühe, die Nadelkronen zu durchdringen. Ich konnte den knackigen Hintern meines Vordermanns gut erkennen. Saß verdammt gut, dieser Overall! Ließ mich von dem sexy Anblick führen, achtete kaum auf den Weg. Umso mehr überraschte mich nach einem kleinen Stück bergauf die Aussicht, die sich plötzlich eröffnete. Vor uns ging es etwa zehn Meter sanft abwärts bis zum Ufer eines kleinen Baggersees. Im Wasser spiegelte sich wie verwunschen die helle Scheibe des Mondes. Auf den Rändern des Hochufers wiegten sich Büsche und Schilfflächen im Nachtwind, geradezu von Glanz überzogen durch den kosmischen Schein. Abgefahren! Ich blieb stehen.

Irgendwo weit weg rauschten Autos über eine Autobahn, aber sonst war es vollkommen still. Bis auf das Gezirpe der Grillen und ein deutliches Plätschern, wie von einem Wasserfall. Der Typ war neben mich getreten.

»Geil, was?« Er lachte leise und heiser, während er sich umsah. Wirkte richtig glücklich. Legte einen Arm um mich, um den Moment mit mir zu teilen. Nett. Ich erwiderte die Umarmung. Wo war der Haken an dem leckeren Köder? Ich beschloss, meinem Impuls zu folgen – lass dich treiben, Benni! –, und zog ihn zu mir ran, wollte ihn küssen. Aber er wehrte lächelnd ab.

»Noch nicht.«

So schnell gab ich nicht auf, hielt ihn fest. »Warum nicht?«

»Du bist mir noch zu sauber.«

Ich konnte seinen Blick nicht einordnen, erinnerte mich aber an die Andeutung von Menkovitz von wegen Dreck. Da wusste ich, dass sein verschmitztes Grinsen mich vermutlich dahin bringen würde, wo der Haken lag.

Die Magie des Moments ist dahin. Er geht zielstrebig voran, oben am Hochufer entlang in Richtung eines schwarzen, beinah verfallenen Brettergebäudes, neben dem ein kleinerer Förderkran steht. Als wir näher kommen, erkenne ich dahinter ein riesiges Rohr, dessen Öffnung aus der Steilwand hinterm Bretterhaufen ragt. Aus ihr plätschert in breitem, stetigem, aber langsamem Strahl Wasser in den See. Konstantin klettert, oder besser: rutscht, die relativ steile Wand hinunter, und ich folge ihm. Der lose Sand gibt unter unseren Tritten nach, aber da wir die Wand schräg nach unten ablaufen, ist das kein Problem. Schließlich steuert der Kerl eine Stelle unterhalb des Rohrendes an und bleibt stehen. Hier hat sich eine große Pfütze Tropfwasser gesammelt. Über uns rauscht das Wasser im Rohr.

»Okay, lass uns reingehen.« Konstantin setzt seinen Helm auf und stapft in die Pfütze rein, die knöcheltief ist. Ich zögere. Trotz der späten Stunde läuft mir der Schweiß übers Gesicht, denn die Hitze des Tages scheint sich hier in der Senke zu stauen. Eine Abkühlung kann sicher nicht schaden …

Als ich ratlos stehen bleibe, bückt sich Konstantin kurz und greift ins Wasser, kommt dann zu mir und hält beide Arme vor sich ausgestreckt. Seine weißen Zähne leuchten im Halbdunkel, weil er dabei lacht wie ein kleiner Junge, der einen Streich im Sinn hat. Ich erkenne, dass er sich lange Gummihandschuhe angezogen hat, von denen in schweren Tropfen ziemlich flüssiger Schlamm zu Boden fällt. Bevor ich reagieren kann, hat er mich schon umarmt und schmiert mir eine Hand übers Gesicht. Ich wehre mich, doch der Kerl lässt nicht ab von mir und lacht dabei, aber nicht albern, sondern irgendwie versaut. Oder verrückt! Meinen Versuch, mir das Zeug aus der Visage zu wischen, unterbindet er mit einem Handgriff.

»Nein, lassen bitte!« Er will das freundlich oder verführerisch klingen lassen, aber unterschwellig spüre ich die Mahnung an meinen Job hier. Ich nehme den Arm wieder runter, worauf er mich bei der Hand fasst und ins Wasser führt. Die Pfütze ist beinah warm, viel wärmer, als ich erwartet hatte. Er bückt sich vor mir und holt erneut Schlamm vom Grund, schmiert mich geradezu andächtig voll damit: die nackten Arme – ich trag immer noch das verschwitzte Unterhemd von tagsüber –, den Stoff über meiner Brust. Angelt sich mehr Schlamm, bewirft meine Hosen damit. Sagt mir, ich soll den Helm aufziehen. Und dann passiert mit einem Mal was. Er sieht mich jetzt anders an, wie ein Wunder, wie eine göttliche Erscheinung. Der Typ ist echt schräg, aber plötzlich bin ich in der Rolle drin. Irgendwie gibt es einen Kurzschluss zwischen meinem Hirn und meinem Schwanz bei seinem Blick, denn plötzlich werde ich geil. Ich hab das Gefühl, dass ich ihn jetzt haben kann, diesen sexy, perversen Kerl. Dass ich jetzt sagen kann, wo's lang geht.

»Los, schmeiß dich rein!« Laut und klar kommt mein Befehl. Eine Sekunde lang Spannung, mein Blick brennt sich in die Augen dieses Mannes, der zwischen Fluchtreflex und Geilheit hin- und hergerissen ist. Und dann hab ich gewonnen! Er bricht den Blickkontakt und lässt sich im nächsten Moment von mir in die Pfütze werfen. Ich brauch ihm nur einen kleinen Stoß zu geben, und schon liegt er drin. Kaum geschehen ist es, als ob er in seinem Element ist. Ohne auf weitere Befehle zu warten, setzt er sich auf und reibt sich selbstvergessen Schlamm überall hin, auch ins Gesicht. Als ob er sich in der Badewanne einseift. Nur Dreck, überall. Das sieht so komisch aus, dass ich völlig fasziniert zusehen, sogar grinsen muss. Er merkt das, und ehe ich mich versehe, zieht er mir plötzlich meine Beine weg und ich falle auf ihn drauf. Er ist gelenkig, dieser Konstantin, und stark, denn es gelingt ihm, mich umzudrehen, sodass er nun auf mir sitzt. Ich stütze mich mit den Ellbogen ab, damit ich nicht untertauche, und merke, wie meine Klamotten sich vollsaugen. Meine Haut kühlt schnell ab, aber es bleibt angenehm. Als ich den Kerl ansehe, wie er so auf mir drauf sitzt, mit derben Schlammspuren in der hübschen Fresse, muss ich ihm an die Beule greifen, einfach ran, genau zwischen seine Beine. Ich fühle den harten Schwanz, der sich im nassen Overall aufbäumt. Der Typ grinst, legt sich lang auf mich, reibt seinen Schoß an meinem, das schlammige Wasser gluckst zwischen unseren Körpern. Ich fixiere seine Augen, find es irgendwie klasse, mich mit dem wildfremden und sooo sexy aussehenden Mann hier in der Pfütze zu suhlen. Er gefällt mir, strahlt Lebenslust aus irgendwie, wie er diese merkwürdig versaut-unschuldige Schlammnummer abzieht und genießt. Ich zieh ihn zu mir und küsse ihn. Diesmal lässt er mich. Seine Zunge ist sanft und wunderbar, ein toller Küsser! Ich werfe ihn auf den Rücken. Mit einem Ruck ist er unten, taucht beinah ab, aber wir fangen uns lachend. Wieder ein Kuss, wir fummeln dabei aneinander rum und verlieren die Helme. Ist mir lieber so. Ich hol mir ein bisschen Schlamm, der sich unheimlich fein anfühlt, als ich ihn zwischen den Fingern verreibe, und verpasse seinen Haaren eine Schlammpackung. Mann, sogar das steht dem Typ!

Mittlerweile sind wir nach mehreren Umdrehungen beide klatschnass und auch ganz schön geil. Endlich geht er mir an den Gürtel, aber mit den Gummihandschuhen kommt er nicht klar, darum helfe ich ihm und öffne die Hosen. Fühlt sich komisch an, die kühle Gummihand am Schwanz, aber der ist so heiß, dass das Gefühl eher interessant als abtörnend ist. Der Kerl grinst zufrieden, mein bestes Stück scheint ihm zu taugen. Trotzdem frage ich mich, wie das weitergehen soll. Wird er überhaupt blasen wollen, jetzt, wo der Schwanz schon vom dem siffigen Wasser und Schlamm verdreckt ist? Stattdessen schmiert er noch eine Portion Schlamm drauf und reibt dann den Schaft ab. Gummihandschuh, Schlamm – sein Mund wär mir lieber gewesen! Na ja, aber es fühlt sich ganz gut an, und wenn er das will … Die dreihundert Euro kommen mir wieder in den Sinn. Das wird vielleicht nicht der Sex, den ich sonst so hab, aber schlecht ist es nicht und die Bezahlung ein Plus. Und es wird besser: Der Kerl schält sich aus seinem Overall, jedenfalls den Oberkörper, und der Anblick seiner nackten Brust macht mich ziemlich an. Geile Behaarung und griffige Nippel. Obwohl ich unheimlich gern ran gegangen wäre, sagt mir mein Instinkt, dass es diesmal anders laufen soll. Also angle ich mir Schlamm vom Grund und schmiere den Männertorso damit ein. Komme mir dabei echt vor wie ein verdammter Bildhauer, und es macht sogar Spaß. Der Typ hält still, lässt mich einfach machen, auch, als ich ihm im Overall an den Arsch fasse. Mann, sind das ein paar geile Arschbacken! Ich packe sie mit beiden Händen und drücke sie genussvoll. Normal würde ich sofort in die Ritze gehen, aber ich weiß nicht, wo das noch hinführt und hab keine Lust auf Sand im Getriebe, auch wenn er noch so fein ist.

Er macht sich los und steht auf, zieht mich hoch. Während wir uns wieder küssen, reißt er mir das Unterhemd vom Leib und versucht, meine Hosen runterzuziehen. Endlich wird er auch die blöden Gummihandschuhe los, schmeißt sie einfach von sich, und geht mir an die nackte Haut, Rücken, Arme, Brust, Bauch, Arsch, Eier, Schwanz. Ich mach dasselbe bei ihm. Die Schlammschicht, die wir dabei auf unseren Leibern verteilen, ist dünn und eher wie eine Crème. Riecht wie Mörtel, eigentlich ganz sauber.

»Richtiges Ganzkörperpeeling«, meine ich lachend, und Konstantin stimmt in mein Lachen ein.

»Klar, macht seidenweiche Haut, wirst sehen.«

Er lässt mich nicht aus den Augen, während er sich den Overall auszieht, sich vor mir aufbaut, nackt bis auf die Stiefel, ähnlich wie meine, Stiefel, wie man sie auf dem Bau anhat. Sein steifer Schwanz ragt in aller Pracht aus dem schwarzen Busch hervor, noch ganz sauber, jedenfalls ohne Schlamm. Ich nutze die Gelegenheit, knie mich davor hin und nehm das leckere Teil in den Mund. Mhhhmmm, ein geiler Schwanz! Der Schaft hat einen deutlichen Aufwärtsschwung, was das Blasen nicht einfach macht, weil er außerdem auch dick und lang ist. Aber weil der Kerl stillhält, laufe ich zu Hochform auf und sauge und lutsche eine ganze Weile mit größter Lust. Bis er sich zu mir kniet und mich wieder küsst. Leidenschaftlich, geil und heiß.

Ich vergesse, wo wir sind. Es ist was Universelles, so im Freien und im Dreck mit dem nackten Halbgott. Die Luft hier ist schwül und drückend von der Tageshitze und dem Wasserdampf, irgendwie urzeitlich, und ich will noch mehr im Einklang sein mit dieser Stimmung, steh auf und zieh mir ebenfalls die Hosen aus. Wir starren uns an, nackt, mit dunklem Schlamm beschmiert wie zwei archaische Krieger, lachen, schreien, und dann werfen wir uns aufeinander.

Hier, am Rand der Pfütze, mischen sich Wasser und Schlamm im perfekten Verhältnis. Wir suhlen uns nackt in dem weichen, geschmeidigen Zeug ohne Bedenken, ohne Plan, wie es weitergehen soll. Genießen einfach nur das Gefühl, wie sich unsere nackten Körper aneinander reiben, geschmiert von diesem geilen Element, als ob wir in einer unermesslichen Menge Gleitgel herumrutschen.

Dabei steht uns beiden unablässig der Schwanz, aber ich weiß nicht so recht wohin damit, und er macht auch keine Anstalten, mit richtigem Sex loszulegen.

Beinah frustriert mich das, aber bevor es dazu kommt, nimmt er plötzlich meine Hand und zieht mich hoch. Dann rennt er los, runter zum See. Der See! Ich kapiere und freu mich total darauf, das Zeug dann doch von mir abwaschen zu können, renne hinter ihm her. Er schreit wieder laut, wie ein Verrückter, und ich tue es ihm nach, versuche, ihn einzuholen. Doch er platscht vor mir ins Wasser, taucht unter, kommt prustend wieder hoch, lacht und jauchzt vor Freude.

Ahhh! Das Wasser ist genial! Überall höchstens mannshoch, darum kann ich problemlos stehen. Dennoch lässt es sich auch herrlich schwimmen, trotz der bleischweren Stiefel, und wir nutzen das eine Weile aus, treffen uns und kreisen umeinander, es ist fast so, als ob wir verliebt wären. Aber das sind wir nicht. Wir sind geil. Und jetzt sind wir sauber, jetzt können wir endlich auch ficken. Ich überfalle ihn regelrecht, wasche ihm den letzten Dreck vom Körper, fahre prüfend durch die Ritze – alles glatt! –, spiele mit einem Finger am Loch, merke, wie es antwortet, wie der Muskelring gekonnt zuckt und meine Fingerkuppe umschließt. Die geile Sau will gefickt werden! Tatsächlich gibt sich der Kerl nun völlig normal, jedenfalls lässt er sich ans Ufer führen, wo ich mich rücklings auf den Sand lege, und beugt sich endlich über meinen Schwanz, bläst ihn und macht das auch richtig gut.

Auch hier, am Seeufer, ist die Atmosphäre einmalig. Ich sehe mich um, sehe den fetten Vollmond über uns, die Wasserfläche, das dramatische Hochufer, gekrönt von urwüchsiger Vegetation. Klasse, sich hier einen blasen zu lassen. Noch dazu von so einem geilen Kerl!

Er klettert über mich, ohne meinen Schwanz aus dem Mund zu nehmen, sodass sein Schwanz über meinem Gesicht hängt, besser gesagt: steht. Ich biege das federnde Teil an meinen Mund und lutsche dran, schmecke ziemlich schnell Vorsaft. Mhhhmmm, lecker! Die 69er klappt prima, darum lassen wir uns Zeit, lecken und schlabbern an unseren Latten, und ficken uns auch mal Hardcore gegenseitig in die Kehle. Geil!

Dann drücke ich den Kerl ein bisschen weiter nach vorne, schlecke mich über die Eier zur Rosette durch. Die kriegt erst mal eine ausgiebige Zungenbehandlung serviert und geht bald auf wie eine Blume. So weich und willig wird das Loch, dass ich gleich mal einen Finger reinschiebe. Wow, ist das heiß da drin! Mein Schwanz wird bockhart und freut sich schon auf den Fick.

Der Bursche wimmert und stöhnt inzwischen, ist offensichtlich so weit, also warum warten? Ich rutsche nach hinten unter ihm weg und knie mich für einen Doggy-Fick zwischen seine Beine. Mein Ständer witterte die Fotze, die genau in Reichweite vor ihm zuckt. Ein bisschen Spucke, und ich setze die Eichel an, drücke sie durch den Muskelring und komm erst mal nicht weiter. Ganz schön klamm, der Kerl! Also noch mal raus, mehr Spucke, und nach ein paar Anläufen, bei denen der Mann knurrt und seufzt, dringe ich langsam vor. Stück für Stück gräbt sich mein Bolzen tiefer in den engen Kanal, der erst durch kurze, schnelle Stöße saftiger und weicher wird und sich für den nächsten Zentimeter Schwanz öffnet. Mittlerweile stöhnt Konstantin leise vor sich hin, bei jedem Stoß, genießt den Fick, kommt mir entgegen, will mich ganz drin haben. Super! Ich hol aus und jag ihm den Knüppel rein in den Arsch. Ein Ruck, der Kerl stöhnt und bäumt sich auf, aber ich lass ihn nicht weg, pack ihn an den Hüften, stecke in ihm bis zum Anschlag. Es erregt mich zu spüren, wie das Gewebe, das zuerst noch eng meinen Schwanz umkrampft, langsam nachgibt, sich an den Pflock gewöhnt, ihm Raum gewährt und geschmeidiger, nasser, heißer wird. Ich bocke jetzt härter, auch mit längeren Strichen, merke, dass Schauer über die Haut meines Fickstücks laufen. Geht mir genauso, auch weil trotz der Schwüle der Schweiß die Haut abkühlt, aber natürlich vor allem vor Geilheit.

Noch immer übt die Szenerie einen ganz besonderen Reiz auf mich aus, und sicher auch auf den anderen. Konstantin stützt sich mit den Händen ab und gräbt sie in den nassen Ufersand, der meinen Knien zu schaffen macht und mich von allzu heftigen Bewegungen abhält. Trotzdem steigt der Druck in meinen Eiern, denn dieses nackte Ficken unter freiem Himmel ist einfach megageil.

»Soll ich kommen?«, frage ich in sein Stöhnen hinein.

»Kannst du dann noch mal?«

»Ich denk schon.«

»Dann komm!«

Er legt seinen Oberkörper in den Sand und gibt sich völlig hin jetzt, reckt seine knackige Kiste meinen Stößen entgegen. Ich ziehe seine schmatzende Arschfotze durch und gehe aus den Knien, um sie noch härter von schräg oben durchzuficken. Ein paar Mal rutsche ich raus, und das macht uns beide immer wilder. Geil, wie der Kerl sofort nach hinten greift und meinen Schwanz wieder einführt, damit es weitergehen kann. Mein Saftdruck kriecht langsam höher, ist kurz vorm Abschuss, ich fixiere das Gesicht des Mannes, das Profil, der Kopf liegt seitlich im Sand, die Augen geschlossen, der Mund lustverzerrt, unverstellt, völlig bei sich, einfach nur geil. Noch ein paar ganz langsame Striche, um so ausgiebig wie möglich das geniale Gefühl auszukosten, wie mein Schwanz von dem butterweichen, hungrigen Fickfleisch abgesaugt wird, dann bin ich unaufhaltsam drüber. Es gibt kein Zurück mehr. Fast schmerzhaft krampft sich mein Schwanz vier, fünf Mal zusammen und schießt die Spermaladung in diesen geilen Arsch, noch mal, fickt rein in die überlaufende Spermafotze, ich höre meinen eigenen Schrei und den von ihm, langgezogen, ungedämpft, tierisch, brünftig, wollüstig und erlösend zugleich. Denn auch er hat abgespritzt, seine Laute verraten es, ein prüfender Griff an seinen tropfenden Schwanz beweist es mir.

Erschöpft und keuchend schmeiße ich mich neben ihn, spüre meinen Herzschlag, noch immer rasend schnell, aber ich genieße das, will noch ein bisschen rasen innerlich, will noch nachglühen. Auch Konstantin sinkt zusammen, stöhnt noch immer, aber leiser, wie vor Erschöpfung.

»Scheiße, Mann«, kommt es dann plötzlich lachend von ihm, »meine Knie tun höllisch weh, total aufgerieben.« Er zieht sie an sich und hält schützend die Hände davor.

»Sorry«, sage ich, denn ich bin nicht ganz unschuldig daran, das weiß ich, hab mich während der Endphase in Ekstase voll auf ihn gestützt, ihn noch tiefer in den Sand geschraubt.

Er lacht wieder. »Na, wenigstens hat sich's gelohnt.«

»Ach ja?« Ich bin geschmeichelt.

Er dreht sich zu mir und sieht mir in die Augen. »Oh ja. Du bist dein Geld wert.« Er lächelt und gibt mir einen Kuss, aber mich hat die Bemerkung ziemlich abgekühlt. »Wollen wir noch mal hoch und bisschen im Schlamm rumspielen?« Er garniert die Frage mit einem verführerischen Grinsen.

Verkackt, mein Herr.

»Nein, ich glaube, wir sollten deinen Knien das jetzt besser nicht antun.« Nicht nur das, sondern ich steh auch auf, als deutliches Zeichen, dass die Nummer gelaufen ist. Konstantin kapiert.

»Okay.« Er klingt enttäuscht, aber das hat er sich selber zuzuschreiben. Ohne weitere Worte kommt er hoch und steigt noch mal in die Fluten. Obwohl ich so schnell wie möglich von hier weg will, mach ich dasselbe, denn den Sand überall auf meiner Haut will ich nicht unbedingt mit heim tragen.

Eine knappe Stunde später lag ich in meinem Bett. Der Typ hatte mich noch zur Baustelle gefahren, mir das Geld – fünfhundert Euro! – in die Hand gedrückt, und dann bin ich ausgestiegen. Er wollte mich noch mal küssen, aber ich hielt ihn ab. Küssen war nicht mehr drin.

»Wär schön, wenn wir das mal wiederholen«, sagte er leise.

»Mal sehen«, antwortete ich unverbindlich.

Vorstadtgetriebe

Ich konnte überraschend gut schlafen, aber tagsüber, während der Schicht, war ich öfter in Gedanken, machte sogar ein paar Fehler. Menkovitz merkte das natürlich und kam schließlich zu mir.

»Was ist los, Seibold? Du bist heute anscheinend nicht ganz bei der Sache.«

»Ja, und du weißt ganz genau, warum.« Damit drückte ich ihm die zwei zerknüllten Hundert-Euro-Scheine in die Hand. Sein verfickter Anteil. Ich hatte schon die ganze Zeit überlegt, wie ich die loswerden konnte.

»He, was soll denn das? Ist doch alles gut gelaufen. Du scheinst es voll gebracht zu haben, der Typ will dich noch mal. Wo ist also das Problem?« Menkovitz schnallte es einfach nicht.

»Das Problem ist, dass ich keinen Bock auf so 'nen Scheiß hab.« Ich rotzte ihm das hin, und bevor er was sagen konnte, ließ ich den Motor an. Als er versuchte, über den Lärm hinwegzubrüllen, fuhr ich los. Der konnte mich mal!

Tatsächlich ließ mich Menkovitz während der restlichen Schicht in Ruhe. Als Schluss war, ging ich zu Michi, Jochen und Robert und machte, dass ich wegkam.

Abends stand Leo plötzlich vor der Tür. Ich hatte seine Anrufe tagsüber unterdrückt, wollte ihn nicht sehen, wollte allein sein. Milan würde mich dabei nicht stören, aber jeder andere, das wusste ich. Und nun also Leo. Ich hatte keine Ahnung, was er sagen wollte, was geschehen könnte, darum ging ich raus zu ihm und schloss die Tür hinter mir. Milan musste das nicht mitkriegen.

Leo wirkte nicht aggressiv, wie er da so vor mir stand, von wegen böse wegen der vielen Anrufe und so. Er war eher vorsichtig, ganz sanft, lächelte mich schüchtern an.

»He«, kam es heiser.

Ich entspannte mich ein bisschen. »He«, antwortete ich und nickte ihm zu. Wir hatten beide die Hände in den Taschen vergraben, eine eindeutig dämliche Hilflosigkeit. Ich nahm meine raus, inklusive Kippen, und bot ihm eine an. Er nahm dankbar an und gab mir Feuer. Ich sog den Rauch ein, und bevor ich ihn ausblasen konnte, fing Leo schon an.

»Meinst du, es ist gut, wenn du so allein bist jetzt?«

Ich musste nicht lange überlegen. »Klar.« Davon war ich überzeugt.

Er schwieg, wartete auf mehr, aber vergebens. »Ich kann mir gut vorstellen, was in dir vorgeht«, nahm er dann selbst das Gespräch auf. »Ich hab das auch durchgemacht.«

Pause.

Ich wollte keine Emotionen hochkommen lassen. »Okay«, sagte ich nur, gab aber den zwei Silben einen verständnisvollen, durchaus interessierten Ton.

Leo war trotzdem frustriert. »Also ein bisschen was muss schon auch von dir kommen.«

»Soll das hier ’ne Therapiestunde werden? Sind wir Weiber oder was?« So konnte das nicht weitergehen, und ich hatte das nicht böse gesagt. »Hör mal, warum redest du nicht Klartext? Hat Menkovitz dich geschickt?«

Leo blickte mich vorwurfsvoll an, sichtlich getroffen von der Annahme. »Natürlich nicht. Aber er hat mir erzählt, dass du anscheinend dein Date nicht besonders gut verkraftet hast. Du hast ihn ganz schön abblitzen lassen. Was war denn los?«

»Ich will nicht darüber reden. Das ist einfach nicht mein Ding, diese Stricher-Callboy-Sache.« Noch hatte ich nicht genug Zeit gehabt, alles auszusortieren, aber darauf lief es wohl hinaus. Und auf keinen Fall wollte ich mit Leo darüber reden. Oder mit sonst jemandem. Leo erkannte, dass er nicht weiterkam, und sah mich mit einem traurigen Hundeblick an, der mich gegen meinen Willen rührte.

»Heute will ich lieber alleine sein«, erklärte ich versöhnlich, »aber vielleicht können wir uns morgen sehen?«

Leo schüttelte den Kopf. »Morgen kann ich nicht. Ich hab einen Job.«

Ich verstand. »Okay. Na, dann wann anders, wenn du mal wieder Zeit hast.«

»Okay.« Er wollte schon gehen, aber musste dann doch noch mal was loswerden. »Mach dir nicht so viele Gedanken. Dir ist ja nichts passiert. Und es ist vorbei.«

Ich nickte und versuchte ein Lächeln. »Klar.«

Dann ging er. Ich sah ihm nach, bis er unter der Treppe verschwunden war, und verkroch mich dann wieder in meinem Container. Hoffentlich war der Abend schnell rum, denn je mehr ich über alles nachdachte, umso verwirrter wurde ich. Es half mir, ab und zu zu Milan hinüberzusehen, der völlig versunken einen Film auf dem Laptop verfolgte. Er strahlte eine wohltuende Ruhe aus. Am besten, ich würde einfach schlafen. Morgen war ein neuer Tag.

Doch die Geschichte war noch nicht zu Ende. Menkovitz winkte mich während der Mittagspause zu sich und kam ohne Umschweife zur Sache.

»Du bist zu nichts gezwungen, Benni. Aber ich hab da wieder einen Job für dich –«

Ich machte eine abwehrende Geste, wollte davon nichts hören, aber er ließ nicht locker. »Das hat nichts mit Sex zu tun. Diesmal ist es nur eine unschuldige Spaßnummer, mit Tanzen und so.« Ich reagierte nicht, während er mich eindringlich und mit Hundeblick ansah. »Ehrlich«, fügte er noch hinzu.

Ich seufzte. »Mir ist nicht nach Spaß und Tanzen zumute.«

Er lachte mit einer Mischung aus Spott und Verständnis. »Komm, Junge, lass dich nicht so hängen. Du musst auf andere Gedanken kommen. Und das wird echt nett. Und es gibt zweihundert Euro.«

Ich war nicht interessiert.

»Ich brauch dich. Wenn du es nicht machst, sind 'ne Menge netter Kerle enttäuscht.«

Auf mein verächtliches Schnauben reagierte er mit einem Blick, als hätte ich ihn persönlich verletzt. »Denk wenigstens drüber nach. Du kannst mir nachher noch Bescheid geben. Es wär echt klasse, wenn du mir hilfst.«

Damit war unser Gespräch vorbei.

Michi und Wilhelm fragten erneut, ob ich Lust hätte, abends zu ihnen zu kommen, doch darauf hatte ich auf keinen Fall Bock.

»Hab schon was vor«, hörte ich mich sagen. Der Gedanke, wieder in der Bude zu sitzen und zu grübeln, hatte mich die ganze Schicht über bedrückt, aber auf Gesellschaft von jemandem vom Bau legte ich im Moment auch keinen Wert. Ohne länger nachzudenken, ging ich anschließend zu Menkovitz und erklärte mich bereit, sein Angebot anzunehmen. Er war sichtlich erfreut und meinte, ich solle um acht vorm Haupttor stehen.

»Irgendwas Bestimmtes an Klamotten?«, fragte ich noch, denn bisher hatte er nichts darüber gesagt.

»Am besten wieder Baukluft, das kommt immer gut«, meinte er grinsend.

Das kam mir bekannt vor, und er musste an meiner Reaktion merken, dass ich an den Job von neulich dachte, aber er klopfte mir beruhigend auf die Schulter.

»Keine Sorge, diesmal läuft nichts mit Sex. Du musst dich noch nicht mal ausziehen.«

Ich war erleichtert.

»Jedenfalls nicht ganz.« Menkovitz konnte es nicht lassen, die Bemerkung nachzuschieben, und lachte amüsiert, weil ich prompt zusammenzuckte. Er ließ mich stehen und lachte noch im Gehen. Scheiße, warum hatte ich mich nur darauf eingelassen?

Obwohl ich mehrmals daran dachte, einfach nicht am Tor aufzutauchen, duschte ich mich nach dem Essen und zog mich wie ferngesteuert an. Milan wunderte sich, dass ich wieder Arbeitsklamotten aussuchte.

»Musst du 'ne Nachtschicht schieben?«

»So was Ähnliches«, antwortete ich ausweichend. Er stellte glücklicherweise keine weiteren Fragen mehr.

Am Tor wartete schon ein Wagen, sogar mit Chauffeur. Ich hatte ganz vergessen zu fragen, wo es hingehen sollte, aber eigentlich war das auch egal. Mir war alles egal.

Ich stieg ein. Der Fahrer grüßte nur kurz und lenkte dann schweigend den Wagen in Richtung Stadt. Noch bevor wir sie erreichten, bog er ab und fuhr durch eine Art Villengegend, in der recht beeindruckende Häuser zu sehen waren, umgeben von weitläufigen Gärten mit alten Bäumen, aber meist verborgen von schützenden Zäunen und protzigen Toranlagen. Schließlich bremste er vor einem solchen Tor und drückte die Taste einer Fernbedienung, worauf es sich wie von Geisterhand öffnete. Am Ende der Auffahrt stand eine Gründerzeitvilla, davor parkten etliche Autos. Der Chauffeur sprang dienstbeflissen aus dem Wagen und öffnete mir die Tür, als wäre ich ein hochrangiger Staatsbesuch. Ich stieg die Treppe hoch und klingelte. Da stand ich nun vor diesem schicken Haus, mitten in der Nacht und in meinen Bauarbeiterklamotten, kam mir vor wie Aschenputtel. Es dauerte eine Weile, bis ein älterer Typ mit Halbglatze mir aufmachte und mich kritisch musterte. War das der Besitzer?

»Bitte kommen Sie«, meinte er förmlich und machte eine einladende Geste. Er war sicher ein Butler oder sowas, obwohl er ganz normal gekleidet war, jedenfalls ging er ohne weitere Worte voran, hatte wohl gelernt, sich nicht weiter über die seltsamen Besuche seines Herrn zu wundern. Der perfekte Domestik, diskret und unerschütterlich höflich. In der kleinen Halle führte eine breite Treppe nach oben, aber Männerstimmen und Lachen kamen von hier unten, von einem Raum links hinter verschlossenen Türen. Ich wurde jedoch durch einen Gang rechts unter der Treppengalerie entlang in ein kleineres Zimmer gebracht. Als der Butler die Tür öffnete, sah ich Leo auf einer Bank sitzen. Das Zimmer war eine Art Umkleidekabine, mit Spinden an der Wand entlang und Holzbänken in der Mitte, nur eleganter, mit dunklem Holz. Meine Laune sank augenblicklich beim Anblick von Leo, der mich fröhlich anlachte.

Ich konnte meinen Unmut nicht unterdrücken. »Scheiße, was soll denn das? Sollen wir etwa zu zweit hier abtanzen?«

Aber Leo wehrte meinen verärgerten Angriff sofort ab. »Ist doch nicht schlimm, oder? Ich freu mich richtig drauf.«

»Und wie habt ihr euch das vorgestellt? Sollen wir einen auf Pärchen machen und Walzer tanzen?« Ich schnaubte wütend. »Am besten noch mit verliebt in die Augen sehen und so.«

Leo blieb weiterhin unbekümmert. »Na, das wirst du doch noch hinkriegen, wir waren doch schon mal ziemlich nah dran.« Bevor ich darauf was sage konnte, lachte er schon wieder. »Außerdem müssen wir das nicht. Hier geht's um was ganz anderes. Da draußen sitzen ein paar Typen bei einem kleinen Fest, einige sind schon richtig alte Knacker, und die meisten hätten lieber ein paar Tussis hier als uns, aber unser Gastgeber steht nun mal auf Männer. Und insgesamt sind die Kerle bestimmt schon ordentlich bedudelt und froh, überhaupt mal ungeniert junges Fleisch anstarren zu können. Vielleicht erinnern sie sich gern daran, wie sie selbst noch knitterfrei waren.«

Da ließ sich ein sonores Lachen hören, mit dem ein elegant gekleideter, gesetzter Herr – so um die Fünfzig – sich nun zu uns gesellte. »Gut gesprochen, Leo. Gefällt mir.« Er streckte Leo bestens gelaunt die Hand entgegen und schüttelte sie kräftig, klopfte ihm freundlich auf die Schulter.

Leo zeigte keine Scheu vor dem aristokratisch wirkenden Mann, sondern umarmte ihn herzlich. »Alles Gute zum Geburtstag, Max.« Er küsste ihn sogar auf die Wange.

Dieser Max nutzte die Gelegenheit, mit einer Hand einen kurzen Abstecher über Leos dralle Hinterbacken zu machen und sie zu tätscheln, während er sich bedankte. Dann drehte er sich zu mir um.

»Also, junger Mann, es stimmt, ich habe heute Geburtstag. Meinen vierundfünfzigsten. Und wenn ich mir was wünschen darf von euch zwei Hübschen, dann ist das in der Tat, dass ihr uns alten Knackern da draußen einen netten Gruß ans Getriebe verschafft.« Er lachte laut über sein Wortspiel, und Leo und ich grinsten beifällig und pflichtbewusst. »Es stimmt, die meisten da draußen stehen auf Titten und die andere Sorte Ärsche, aber ich bin mir fast sicher, dass ihr es hinkriegt, uns allen ein bisschen einzuheizen mit euren *Moves*. So heißt das doch, oder?« Mit dieser Frage wandte er sich schelmisch lächelnd an Leo, der zustimmend nickte. »Na, dann los! Lasst mir ein paar Minuten Zeit, dann könnt ihr kommen.« Max klatschte unternehmungslustig in die Hände und eilte hinaus.

Am liebsten wäre ich abgehauen, aber das kam nicht in Frage. Ich war mächtig nervös.

»Was für eine Musik haben wir? Sollen wir zusammen reingehen? Oder macht jeder allein sein Ding?« Meine Ängste überschlugen sich.

»Wir treten zu zweit auf, das ist der Deal. Auf alle Fälle sollten wir relativ unverfänglich bleiben, also geh mir nicht gleich an die Wäsche.« Nachdem er die Überraschung darauf und meinen entsprechenden Blick hatte eine Sekunde wirken lassen, lachte Leo laut auf. »Jetzt mach dir nicht ins Hemd. Entspann dich und geh mit der Musik. Das kannst du doch, ich hab's gesehen. Du bist klasse. Und sexy.« Er kam zu mir herüber und schlich schnurrend um mich herum wie ein Kater. Doch gerade, als ich ihn packen wollte, entwich er mir kichernd und rannte aus der Kammer raus. Ich fasste mich kurz, atmete durch, dann folgte ich ihm. Die Halle war leer, Leo musste schon im Partyzimmer sein. Die Flügeltür stand weit offen und ich hörte Männerlachen und laute Musik. *I'm your private dancer*, sang Tina Turner. Ach du meine Scheiße …!

Ich hatte für meinen Auftritt ziemlich runtergekommene Jeans ausgesucht, mit Rissen und einigen größeren Löchern, dazu Gürtel und braune Bauarbeiterstiefel sowie ein rot-schwarz kariertes Hemd, unter dem ich ein weißes Rippshirt trug. Der gelbe Helm und dicke Arbeitshandschuhe dienten als Accessoires.

Ohne innezuhalten betrat ich den Raum, in dem in lockeren Gruppen um ein paar Tische herum ungefähr fünfzehn Männer saßen oder standen, alle in dunklen Anzügen mit Krawatte. Bunte Lichtkegel schwirrten durch die verrauchte Luft, die Männer grölten und lachten, hatten sich größtenteils so platziert, dass sie Leo zusehen konnten, der im Wintergarten am anderen Ende des Raums schon Schwung an einer Stange holte und sich um sie drehte. Gut sah er aus in seinem dunkelblauen Overall, dessen Oberteil er bereits heruntergezogen hatte, wodurch das blütenweiße Unterhemd seine braungebrannten, muskulösen Arme und die behaarte Brust bestens zur Geltung brachten. Ein paar Kerle applaudierten, als nun auch ich in den für uns als Showbühne zurechtgemachten Wintergarten trat. Ich nahm den Rhythmus auf und versuchte, Leos *Moves* synchron mitzumachen. Er passte sie der ruhigeren Stelle im Song an, ging langsam um die Stange herum, fixierte sie, machte sie zum Objekt seiner Begierde, zum Sexobjekt, flirtete mit ihr, fasste sie an und schreckte zurück, als ob er einen abwehrenden Schlag erhalten hätte. Ich tat dasselbe bei meiner Stange. Das ging ein paar Takte so. Ich kam langsam rein, meine Nervosität war vergessen. Die Kerle feuerten uns mit lauten Rufen an.

»Los, hol sie dir!«

»Geh ran, Alter!«

»Zeig der Schlampe, was du drauf hast!«

Wir wanzten uns an die Dinger ran – kein glatter, blitzender Stahl, sondern grün lackiertes Eisen mit Reliefs und Rillen –, als ob es die heißesten Schnitten im Universum wären. Rieben uns daran, mimten Zurückweisung und erneutes Anbaggern, gingen in die Knie und vollführten kräftige Fickstöße nach oben, es war ganz leicht, Leos Bewegungen zu folgen. Irgendwann vergaß ich, wo ich war, ging in einem regelrechten Rausch mit der Musik mit, löste mich von Leos Choreographie und spielte mein eigenes Spiel mit der Stange, der geilen Sau! Das nächste Musikstück, schneller, peitschender …

Irgendwie musste ich gut gewesen sein, obwohl ich hinterher nicht hätte sagen können, was genau passiert war in diesen paar Minuten. Ich weiß nur noch, dass ich echt abgegangen bin. Jedenfalls stand ich am Ende unserer Performance völlig außer Atem, total verschwitzt und nur noch in Unterhosen und Stiefeln Arm in Arm mit Leo da, und die Männer klatschten johlend Beifall. Max trat zu uns und umarmte uns herzlich, wobei er uns lobte, als hätten wir die Welt umsegelt. Auch all die anderen Kerle kamen heran, sagten uns, wie toll sie unsere Show gefunden hatten und so weiter, begrabschten uns dabei. Aber ich kriegte kaum was mit, war wie in Trance, und ich glaube, Leo ging's genauso. Als sich unsere Blicke trafen, wie wir da so standen, jeder einen Arm um die Schultern des anderen, sah ich es in seinen Augen. Ich versank in seinen Augen, die richtig leuchteten. Ein helles Grau. Oder Blau. Und ich sah diesen Zug in seinem Gesicht, der mir sagte, dass er hier weg wollte. Sein Blick, sein Gesicht waren eine einzige Bitte, ihn von hier wegzubringen. Und das machte ich.

Ich pflügte mich durch die Männerbande und zog Leo mit. Das Schwierigste dabei war, dass ich freundlich bleiben musste. Nur dann würde das klappen. Also nahm ich lächelnd Visitenkarten entgegen oder ließ mir welche zustecken, bedankte mich pausenlos und tat auch so, als ob ich den Worten zuhörte, die mir ins Ohr geraunt wurden. Lachte oder nickte ernst darauf, völlig willkürlich. Aber nach und nach kapierten die Kerle, dass wir nicht bleiben wollten. Noch ein paar letzte Schulterklopfer und Küsschen, dann waren wir in der Halle. Obwohl Leo einigermaßen fest auf den Beinen stand, hatte es doch Kraft gekostet, ihn bis hierher mitzuschleppen. Ich stellte ihn hin und ließ ihn los. Er beugte Kopf und Oberkörper, stützte die Arme auf die Knie und schnaufte tief durch. Dann schüttelte er kurz den Kopf wie ein Verrückter und prustete wie ein Walross. Ich musste lachen.

Mit einem breiten Grinsen im hochroten Gesicht kam Leo hoch. »Mann, war das 'ne krasse Scheiße da drin!«, meinte er schließlich, konnte es selbst nicht glauben, das sah ich ihm an. Er kam ran und umarmte mich, legte den Kopf an meine Schulter. Für einen Moment dachte ich, er würde zu heulen anfangen, aber stattdessen spürte ich auf einmal seine Zunge an meinem Hals. Breitseite, warm und nass. Ich griff an seine Beule und war nicht besonders überrascht, das dicke Rohr voll ausgefahren vorzufinden. Was sollte das werden? Ich sah ihm in die Augen, versuchte rauszukriegen, wie Leo drauf war. Er lächelte mich an, es war ein Angebot, kein Zwang, sagte mir sein Blick. Da nahm ich seine Hand und wollte ihn ins Umkleidezimmer führen, aber er hielt mich auf.

»Ich weiß was Besseres. Komm!« Damit übernahm er die Führung und zog mich an der Hand hinter sich die Treppe nach oben. Ich sah mich verunsichert um, ob uns auch niemand beobachtete. Es war uns bestimmt nicht erlaubt, hier herumzuschnüffeln. Außer Lärm aus dem Partyraum nichts. Leo rannte richtig inzwischen, einen langen Gang hinunter, dann rechts, ein anderer Gang, bis er vor einer Tür stehen blieb. Seine Aufregung übertrug sich auf mich, ständig rechnete ich damit, dass wir zurückgepfiffen wurden, und besonders jetzt, als Leo zögerte, eine andere Tür nebendran anvisierte, nicht wusste, ob er die oder die andere aufmachen sollte, als ob hinter einer das unheilvollste Grauen lauern würde – fühlte ich mich wie ein gehetztes Wild. Noch immer war ich vollgepumpt mit Adrenalin, war wie im Rausch, brach über Leo herein, als er endlich eine Tür öffnete und ins Zimmer trat. Wir klammerten uns schnaubend aneinander, küssten uns mit geradezu verbissener Leidenschaft, rissen uns dabei die Unterhosen runter, die als einziges Kleidungsstück unseres Kostüms übrig geblieben waren.

Da ist ein Bett, da ist Leos Mund, sein sinnlicher, geiler Mund. Der Kerl ist noch vollkommen verschwitzt, genau wie ich, glitschig fühlt er sich an, doch der Schweiß ist warm, verbindet sich mit meinem, als sich unsere nackten Körper aneinanderschmiegen. Wir schmeißen uns aufs Bett, aber die blöde Tagesdecke nervt mich. Irgendein harter, dicker Stoff. Ich reiße sie unter unseren Leibern hervor, wälze mich mit Leo in den angenehm kühlen, weißen und federleichten Bettdecken. Setze mich auf seinen Bauch, fasse an seine Wangen, streichle über die dicken Haare, genieße den Blick, mit dem er mich ansieht. Der Bursche ist scharf wie ein Rettich, aber ich sehe nur, dass er sich danach sehnt, mit mir Sex zu haben. Und nur mit mir. Sein harter Schwanz reibt sich an meiner Hinterseite, als er sein Becken hebt und senkt und mich dabei sanft schaukelt. Ich beuge mich vor und küsse ihn und registriere erfreut, dass die Latte mit einer Hand auf die Suche nach dem Einstieg geführt wird. Ein bisschen aus den Knien, dann spüre ich die Kuppe am Loch. Rasch verteile ich Spucke auf Schwanz und Loch, und schon schiebt sich das geile Teil durch den Ringmuskel. Ich wippe auf und ab, bei jeder Bewegung bohrt sich der harte Prügel tiefer, bis ich schließlich aufsitze und das Ding ganz drin hab. Geil!

Auch Leo stöhnt auf, lässt den langsamen Ritt, zu dem ich jetzt ansetze, mehr als willig über sich ergehen und hat dabei einen so harten Knüppel, dass ich das Gefühl habe, er spritzt jeden Moment ab. Doch jetzt richtet sich Leo auf, umarmt und küsst mich heftig. Eine Weile gefällt uns die Stellung, wie ich da so auf ihm sitze, den dicken, harten Schwanz im Arsch, der sich sanft drängend in mir reibt. Jedes Zucken kann ich spüren. Dann kippt Leo mich nach hinten, geschickt genug, um nicht aus mir rauszurutschen, und ich mach nur zu gerne die Beine breit, damit er losficken kann. Und das tut er jetzt. Mann, fühlt sich das gut an, wie sein Schwanz rein- und rausfährt, sich durch meinen Arschkanal pflügt. Die ganze Angelegenheit wird nasser und flutschiger. Unsere Säfte sorgen für eine megageile Schmierung. Ich komme ihm so gut es geht entgegen, will ihn noch tiefer haben, dem Kerl noch näher sein. Obwohl ich erregt bin, kriecht doch auch eine Art geile Entspannung durch meinen Körper, während ich Stoß um Stoß empfange. Mit geschlossenen Augen genieße ich den wunderbaren Fick, lass mich völlig fallen.

»Was dagegen, wenn ich mitmache?«, höre ich plötzlich über mir eine Stimme. Es ist Max, unser Gastgeber, der sich da so still und heimlich ins Zimmer geschlichen hat und jetzt am Bett steht, genau vor meinem Gesicht. Leo bleibt relativ cool, hat vielleicht sogar mitgekriegt, wie Max hereingekommen war, aber er merkt natürlich, dass ich erschrecke.

»Warum siehst du nicht 'ne Weile einfach nur zu«, antwortet er, um mir Zeit zu geben, mich an die Situation zu gewöhnen. Er unterbricht den Fick dabei nicht, lässt seinen harten Kolben weiterhin in mir ein- und ausfahren. Und beschleunigt dadurch meine Entscheidung. Ich greife Max einfach an die Beule.

»Mmhmmm«, knurrt der zustimmend und knüpft die Krawatte auf, zieht sie durch den Kragen ab. »So gefällt's mir doch gleich noch besser hier.« Er reißt sich das Sakko von den Schultern und knöpft sein Hemd auf. Der Blick, mit dem er mich dabei von oben herab fixiert, sein arrogantes, geiles Grinsen, das macht mich ganz schön an. »Los, hol ihn raus«, fordert er mich auf.

Ich nestle den Hosenstall auf und greife rein, fummle den Schwanz aus der Unterhose und zieh ihn raus, dann grabsche ich nach dem Rest des Gehänges und hole auch den raus. Ein schwerer, noch nicht ganz steifer Hengstschwanz, der mir ziemlichen Respekt abfordert, aber mich auch geil macht. Zwei dicke Adern ziehen sich über den dicken Schaft, unter dem ein Paar pralle Bulleneier hängen. Hungrig öffne ich meinen Mund und strecke dem Schwanz einladend die Zunge entgegen. Max geht in die Knie und lässt mich an der Vorhaut nuckeln, bis ich mehr will und ihn mit einem Griff an den Hintern näher ranschiebe. Soweit es geht, reiße ich meine Kiefer auseinander, um den dicken Schwanz aufnehmen zu können. Er ist ordentlich hart jetzt. Der Kerl schiebt mir das Ding rein, ein Stück nur, dann wieder raus und tiefer. Er fickt behutsam meine Kehle auf, macht mich gierig, mehr davon zu schlucken, bis er schließlich über die Gurgel fährt und ich tapfer versuche, gegen den Würgereiz anzukämpfen. Max macht das gut, lässt mir Zeit, lässt mich Luft holen, hält mir Poppers unter die Nase, knurrt zufrieden, als ich dann gleich wieder meinen Kopf nach hinten beuge und mit weit geöffnetem Maul und herausgestreckter Zunge zeige, dass ich seinen Kolben wieder drin haben will. Es kostet mich große Anstrengung und viel guten Willen, mich von dem großen Schwanz in die Kehle ficken zu lassen, aber es klappt. Wenigstens zeitweise. Wenn er ganz tief in mir steckt, wenn ich glaube, ersticken zu müssen, drücke ich gleichzeitig krampfartig den anderen Schwanz im Arsch raus, jedenfalls wollen meine Reflexe das, aber stattdessen fickt Leo gegen den Druck meiner Fotzenmuskeln an, stößt seinen fetten Hammer unerbittlich weiter rein und lässt sich einfach nicht rausschmeißen. So werde ich gestopft, von hinten und von vorn, in Maul und Arsch. Eine ganze Weile kämpfe ich so mit den beiden Schwänzen, die meine Löcher hart rannehmen, von denen ich aber nicht genug bekommen kann. Irgendwann hört Max auf, meine Maulfotze durchzuziehen, und zieht sich nackt aus. Sein Körper kann sich wirklich sehen lassen. Brust und Arme sind toll definiert, der Bauch zeigt zwar kein Sixpack, ist aber fest und muskulös. Da schwabbelt nichts an dem Kerl. Auch Hintern und Beine sind mehr als sexy. Und mich erregt der Gedanke, dass Leo und ich mit dem älteren Mann zusammen rummachen. In allen möglichen Varianten rummachen.

Zum Beispiel knie ich neben Leo auf dem Bett, während Max uns abwechselnd fickt. Das ist eine tolle Erfahrung und irgendwie neu für mich. Klar hab ich schon paar Dreier gehabt, aber die liefen anders ab. Diesmal teile ich mit Leo diesen Fick, dieses Geficktwerden. Unsere Köpfe liegen dicht nebeneinander auf dem Laken, wir können uns ansehen, miteinander knutschen oder einfach nur das Gesicht des anderen beobachten, während der dicke, harte Schwanz kräftige Stöße in dessen Arsch jagt. Eben war er noch in meinem, jetzt fährt er in den von Leo ein. Leo stöhnt auf, schließt die Augen und gibt sich hin. Er hält eine Hand von mir und drückt sie fest, knurrt verbissen – es kostet ihn Kraft, das Mörderteil aufzunehmen, ich kann das nachvollziehen, spüre noch immer den Druck, den es kurz zuvor meiner Muffe verpasst hat – und will es doch, will dem Fickbolzen Spaß machen, will selbst Lust empfinden, will die Fotze spüren, wie sie zum Zentrum des Seins wird. Das fühle ich, besonders als Leo mich plötzlich ansieht, mir seine Lust in die Augen träumt, mich mitnimmt und mir zeigt, wie schön es ist, Lust zu teilen. Ich versuche, es ihm gleichzutun, als der Hengstschwanz sich nun wieder mein Loch vorknöpft. Meine Augen bleiben offen, ein Fenster für Leos Blick, durch das er erkennen kann, was in mir vorgeht. Wie ich mich öffne für den Schwanz, weich werde für ihn, willig und mehr noch: hungrig, gierig danach, mich ficken zu lassen, wie eine Hure.

Leo klettert unter mich, schiebt seinen heißen, verschwitzten Leib an meinem entlang, auf dem Rücken, bis sein Arsch unter meinem und sein Gesicht ganz nah an meinem ist. Noch immer hämmert Max den Schwanz in meine Muffe, aber die Stöße werden langsamer. Schließlich schlüpft er aus mir raus. Leo bringt seinen Hintern in Position, drückt das Becken hoch, unsere halbsteifen Schwänze berühren sich. Leo wirft mit einem tiefen Seufzer den Kopf zurück auf die Matratze, ich weiß, warum. Das Eindringen des dicken Prügels lässt ihn erschauern. Um ihm noch mehr entgegenzukommen, hebt Leo den Arsch noch höher, presst sich dabei fest an mich. An meinen Schwanz, der sofort steif wird. Bei jedem Stoß prallen wir aufeinander, und ich kann deutlich Leos Schwengel an meinem spüren, in der Suppe von unserem Schweiß und Vorsaft, eine richtige Sauerei. Geil!

Nun bin ich wieder dran. Der fette Kolben fährt in mich ein – aaaahhhh! Leo packt meinen Kopf und drückt mir einen Kuss auf die Lippen, dringt mit seiner Zunge ein, knutscht wild mit mir, aber ich brauche Luft, löse mich – verdammt! Das Ding im Arsch ist der Wahnsinn! Fickt hart jetzt. Mit lautem Stöhnen versuche ich, die Anspannung rauszulassen, die der Hammer in mich reinpumpt. Mit jedem Stoß reißt er mich mehr auf! Dann jault plötzlich Leo unter mir auf. Mein Loch fühlt sich noch so gestopft an, dass ich erst durch Leos Reaktion realisiere, dass der Schwanz gar nicht mehr in mir steckt, sondern in Leos Arsch, den er ebenso hart durchfickt wie gerade eben noch meinen. Aber schon bin ich wieder an der Reihe, und so geht es eine ganze Weile. Die Drecksau nagelt uns beide in schnellem Wechsel aufeinander, bis wir nur noch zwei stöhnende Bündel Fickfleisch sind.

Irgendwann verebben die Stöße langsam, bis Max schließlich schwer atmend von uns ablässt. Leo und ich sind genauso am Keuchen. Ich rolle mich ab, strecke mich aus und bleibe rücklings liegen, während immer noch Schauer durch meinen Körper laufen. Auch Leo macht sich lang und wird geschüttelt von den Nachwehen der eben erlebten Wollust.

»Huiuiuiuiui!«, schnaubt Max. »Also entweder müssen wir wechseln oder ich muss Verstärkung holen.«

Ist das ein ernst gemeinter Vorschlag? Leo schweigt, und auch ich weiß nicht, wie ich darauf reagieren soll. Wir schnauben eine Weile ratlos vor uns hin. Bis schließlich Leo doch was einfällt. »Warum machen wir nicht eine Pause?«

Max und ich wechseln einen Blick. Pause?

»Na, du hast doch einen Pool. Und eine Sauna.« Leo grinst, sichtlich angetan von seinem Einfall.

Max muss lachen. »Nee, das macht ihr beiden mal alleine«, meint er dann. »Ich muss mich sowieso mal wieder um meine Gäste kümmern. Oder das, was noch von ihnen übrig ist.« Damit verschwindet er im angrenzenden Badezimmer und lässt uns alleine.

Leo beugt sich zu mir und verpasst mir einen kurzen Schmatzer auf den Mund. Sieht mich an. Seine Augen, diese hellen Augen! Schön sind die, ich könnte mich darin verlieren. Ein breites Lächeln auf den Lippen, zwischen denen jetzt schelmisch die Zungenspitze hervorblitzt. Ich streiche ihm über die Haare, die schweißnass in Stirn und Nacken hängen, zieh ihn heran und küsse ihn. Mann, schmeckt der Kerl gut!

»Ist der Pool beheizt?« Der Gedanke beschäftigt mich tatsächlich. So richtig Abkühlen will ich mich gar nicht.

Leo kichert. »Nö, aber du wirst's überstehen.« Damit steht er auf und zieht sich die Unterhosen an. Nur die. Steht da und winkt auffordernd mit einer Hand. »Na los, komm schon.«

Alles in allem war das eine echt prima Nacht. Leo fand mühelos den Zugang zum Pool, er schien sich in dem weitläufigen Gebäude wirklich gut auszukennen. Nur ein paar strategisch platzierte Lämpchen beleuchteten den begrünten Bereich um den Pool. Die typischen 8 x 4 Meter, aber hübsch gemacht. Nicht sonderlich tief, eigentlich nicht zum Reinspringen geeignet, aber wir taten es trotzdem. Tauchten prustend wieder auf. Und hatten Glück in dieser Nacht, denn wir hörten die ausgelassene Männergesellschaft zwar immer wieder, aber es ließ sich keiner blicken. Wir relaxten und redeten und redeten, es war richtig klasse. Zwischendurch verschwand Leo kurz und kam mit einer Flasche Schampus und zwei Gläsern zurück. Wir quatschten weiter, über alles Mögliche, lachten viel. Es fühlte sich so gut an, dieses Zusammensein mit Leo. Was es genau war, warum es so war, darüber wollte ich nicht nachdenken. Analysieren konnte alles kaputtmachen und blieb doch nur Theorie. Also laufen lassen, einfach laufen lassen, Momente wie diese einfangen, in denen die Handlung ganz selbstverständlich ablief. Entweder, es klappte so, oder eben nicht. Als es dämmerte, hatten wir noch mal Sex. Es war beinah Liebe.

Der große Knall

Und es hätte so schön werden können, wenn Menkovitz nicht gewesen wäre. Als er mir die Kohle für den Abend in der Villa gab, meinte er nur, ich solle bloß nicht auf die Idee kommen, einen von den Kerlen anzurufen, die mir ihre Visitenkarte zugesteckt hatten. So ein Quatsch! Als ob ich dazu Bock gehabt hätte. Aber abends druckste Leo herum, als ich die Bemerkung erwähnte und ihm erzählte, was ich davon hielt.

»Na, ganz so einfach ist das nicht«, meinte er zu meiner Überraschung. Ich starrte ihn bloß fragend an. »Diese Typen sind alle Geschäftsleute«, fuhr Leo fort. Noch immer wusste ich nicht, worauf er hinauswollte. »Wichtige Geschäftsleute. Die haben eine Menge Geld in das Bauprojekt gesteckt. Und Menkovitz muss sie bei Laune halten.«

Ich schnaubte unwillig. »Na und? Wir haben unseren Job getan. Was will er denn noch von uns?« Bereits während ich sprach, wurde mir plötzlich bewusst, wo der Hase lang lief. Sofort kochte Zorn in mir hoch. »Soll das heißen, wir sollen mit diesen Typen ins Bett gehen?« Leo schrak zusammen, weil ich regelrecht schrie. »Hast du das gewusst? Sag schon!« Doch Leo schwieg. Er war verängstigt wegen meiner heftigen Reaktion, aber ich konnte mich kaum beruhigen, hörte meinen Herzschlag donnern und wurde nur noch wütender durch das Schweigen, rannte unschlüssig in dem engen Container herum.

»Ich muss raus hier«, keuchte ich, riss die Tür auf und stürmte hinaus. Meine Gedanken überstürzten sich. In was hatte ich mich da nur reinziehen lassen? Wie konnte das passieren, das war doch nur eine Baustelle! Wie jede andere, oder nicht? Und Leo, warum ließ er sich darauf ein? War er nur ein skrupelloses Flittchen, konnte er die Gefühle, die er vielleicht für mich hatte, einfach wegdrücken? Ständig auf Abruf für eine Nummer mit irgendeinem wildfremden Freier? War ich auf Menkovitz sauer, auf Leo oder auf mich? War ich verliebt oder war nur mein Stolz verletzt, obwohl ich genauso eine Nutte war? Nein, das war ich nicht. Nein. Und Leo? War der es? Ich wollte nicht, dass Leo mich als das sah, aber andersrum war es genauso. Doch es fiel mir schwer zu glauben, dass das alles für Leo dasselbe wie für mich war. Der machte das schon viel länger mit. Der machte mit!

Planlos rannte ich durch die Nacht. Vorbei an Containertürmen und vereinzelten Kumpels, die ich gar nicht beachtete. Das schnelle Gehen half mir, langsam wieder einen klaren Kopf zu kriegen. Längst hatte ich die Hallen hinter mir gelassen und war an einem Teil der riesigen Baugrube angekommen, an dem ich bisher nicht gewesen war, abseits des alten Werkgeländes, nahe am Zaun zum Ackerland, das sich weithin bis zum Stadtrand streckte. Ich setzte mich hin, noch schwer atmend von dem langen Eilmarsch, und fummelte mir trotzdem eine Kippe aus der Hosentasche. Während ich in den dunklen Abgrund der Grube starrte, sog ich den Rauch ein und blies ihn bedächtig aus, um mich nach und nach zu beruhigen. Und plötzlich war mir ganz klar, was ich als Nächstes tun sollte: Kündigen! Kaum hatte ich diese Möglichkeit im Kopf, ging es mir besser. Natürlich, das war die Lösung! Schon morgen könnte ich meine Sachen packen und abziehen, einfach alles hinter mir lassen, Leo, Menkovitz, diesen Sex-Scheiß und den ganzen Mist. Baustellen gab es genug jetzt im Sommer, ich würde sicher mit Leichtigkeit einen neuen Job finden.

Der Plan war gefasst, ich fühlte mich, als wäre eine Last von meinen Schultern genommen. Wanderte gemächlich zurück zu den Wohncontainern, blickte mich dabei um, wie um Abschied zu nehmen, aber es geschah ohne Wehmut, sollte einfach ein Abschluss sein.

In meiner Bude angekommen, begann ich gleich schon mal ein bisschen zu packen. Viele Sachen hatte ich sowieso nicht, aber hier und da lag doch was rum, was ich schon mal einsacken konnte. Milan fragte erstaunt, was los sei.

»Ich hau ab hier«, meinte ich, und als ich das aussprach, fühlte es sich noch besser an als vorhin als unverbindlicher Gedanke.

»Hast du Ärger gehabt?« Milan war echt nett, aber ich hatte keine Lust, ihm irgendwas zu erzählen von dem Mist, den ich gebaut hatte. Darum blieb ich ausweichend.

»So in der Art, aber es ist ziemlich kompliziert. Jedenfalls will ich weg.«

Milan drang nicht weiter in mich und legte sich kurze Zeit später auf die Pritsche. Ich kramte noch bisschen länger rum, aber den Rest konnte ich sowieso schnell noch packen, wenn es dann so weit war. Ich machte das Licht aus und starrte im Bett vor mich hin …

Nach einer unruhigen Nacht duschte ich nur kurz und trank Kaffee im Container. Ich wollte keinem der Kumpels beim Frühstück in der Kantine begegnen, besonders Menkovitz nicht. Leo würde wahrscheinlich sowieso nicht auftauchen, aber vor allem hatte ich Angst, in Gesellschaft den Mut zu verlieren. Ich war mir nicht sicher, wie das Gespräch laufen würde, wollte Menkovitz allein erwischen, nachher auf der Baustelle, bevor die Schicht begann. Schon zeitig machte ich mich auf den Weg und war der Erste vor Ort. Schließlich raste Menkovitz in seinem Jeep an, genau wie ich gehofft hatte. Er hielt was drauf, immer vor seinen Männern an der Stelle zu sein, wo am Abend zuvor abgebrochen worden war, sah sich noch mal vor Schichtbeginn die Lage an, machte noch letzte Änderungen am Einsatzplan oder sonst was.

Als er mich da so stehen sah, sprang er aus dem Wagen und kam zu mir herangeschlendert, ganz lässig und scheinbar bestens gelaunt. »Na, was machst du denn schon hier? Hab dich gar nicht gesehen in der Kantine. Alles in Ordnung?« Er klopfte mir freundschaftlich auf die Schulter, während ich immer noch schwieg. Dann:

»Ich hör' auf.«

Die drei Worte waren eindeutig und landeten auch zielsicher bei Menkovitz.

Er trat einen Schritt zurück und sah mich verdutzt an. »Was sagst du da?«

»Du hast's ja gehört«, erwiderte ich mit Trotz in der Stimme. »Ich kündige.« Auf keinen Fall hatte ich Bock drauf, mich jetzt von ihm bearbeiten zu lassen. Meine Körperhaltung spannte sich, meine Sinne waren geschärft. Sicher würde er mich überreden wollen zu bleiben. Er hatte ja schließlich seine Gründe, wenn das stimmte, was Leo vermutete. Und daran gab es kaum Zweifel nach allem, was ich so mitbekommen hatte.

Unschlüssig starrte Menkovitz zu Boden, sagte nichts, vergrub die Fäuste in den Hosentaschen und zeichnete mit einem Schuh einen Halbkreis in den weichen Boden. »Jungchen, Jungchen«, kam es schließlich seufzend, als stellte ich ihn vor ein unlösbares Problem. Doch gerade, als ich versöhnlich erklären wollte, dass es für uns beide am besten sei und so weiter, richtete er einen eiskalten Blick auf mich, der mich stumm bleiben ließ.

»Von mir aus kannst du in vier Wochen deine Sachen packen und abhauen. Vorher nicht. Steht im Vertrag.«

Ich lachte ihm ins Gesicht, war kein bisschen verunsichert. »Du kannst dir deinen Vertrag sonst wohin schieben. Ich geh, ob's dir passt oder nicht.«

Urplötzlich war er an mir dran, packte mich am Kragen und funkelte mich an. »Ich stell dich vor Gericht, wenn du mir quer kommst, Bürschlein«, knurrte er drohend. Aber ich machte mich los und schrie ihn an.

»Sei bloß vorsichtig! Ich kann gehen, wann ich will! Und beim Gericht könnte ich ganz schön was erzählen von dir und deinen sauberen Geschäften!«

Mit einem Mal änderte er seine Haltung, wurde auf eine verdrehte Art freundlich. Meinte ganz ruhig, dass ich mit einer hohen Vertragsstrafe rechnen müsste, da würde ihm jedes Gericht recht geben. Und wegen der anderen Sache – da täte ich besser daran, die ganz schnell zu vergessen. »Und glaub ja nicht, dein kleiner Leo steht dir bei. Der steckt da selbst viel zu tief drin.« Er ließ das sacken.

Dann: »Warum beruhigen wir uns also nicht und reden wie vernünftige Männer über alles?«

Weniger, weil ich von seinem guten Willen überzeugt war, als vielmehr, weil mir nicht viel anderes übrig blieb, hörte ich ihm weiter zu. Er bot mir an, mich in drei Wochen gehen zu lassen, wenn ich ihm auch entgegenkommen würde. Sowas ähnliches hatte ich mir schon gedacht.

BUMMMMM! Ein gewaltiger Knall erschüttert die Welt. Ich werde zu Boden gerissen und Steine und Sand prasseln auf mich nieder. Schreie, von weit weg, Menkovitz wälzt sich ein paar Meter von mir entfernt auf dem Boden. Noch immer fliegt Sand durch die Luft, aber ich springe auf, merke, dass ich unverletzt bin, und renne zu ihm hin. Er ist von Sand bedeckt und hält sich das Knie, aber sonst scheint er okay zu sein.

»Verdammte Kacke!«, schreit er. »Los, hilf mir auf!«

Ich ziehe ihn hoch, und er humpelt los, in die Richtung, aus der der Knall gekommen ist, überraschend schnell sogar. Ich folge ihm ohne zu überlegen. Von allen Seiten springen Männer hinzu, wir alle rennen auf das Gelände los, das im Zentrum des Geschehens liegt. Selbst durch die Sandwolken sehen wir, dass der Rand der Grube an dieser Stelle zerfetzt und aufgerissen ist. Genau da, wo unser

Trupp zum Schichtbeginn vorbeikommt! Sofort erfasst mich angstvoll der Gedanke an meine Kumpels. Wilhelm, Jochen, Robert, Michi! Da sehe ich tatsächlich Wilhelm am Boden kauern, das Gesicht von Blut und Dreck verklebt. Ich sprinte hin.

»Was ist passiert?«

»Ein Blindgänger«, keucht er. »Wo ist Michi?«

Ich sehe mich hastig um. Überall rennen Männer durcheinander, manche sind verwundet. Geschrei, laute Anweisungen werden gebrüllt, jeder versucht zu helfen. Aber Michi sehe ich nicht. Dafür erkenne ich Robert, der einen anderen Mann stützt und ihn aus dem Chaos rausbringt. Und da ist auch Michi! Mit ein paar Schritten ist er bei uns, zwar von oben bis unten verdreckt, aber wie es scheint unverletzt. »Scheiße, Mann! Seid ihr in Ordnung?«

Wilhelm fällt ihm um den Hals und lacht, eine Mischung aus nachträglichem Schock und Erleichterung. »Wir haben echt Glück gehabt.« Er küsst den Kerl, und ich sehe mich unbewusst um, ob das auch niemand sieht. Gleich darauf schäme ich mich, als ich sehe, wie glücklich die zwei sind, dass sie den Albtraum heil überstanden und sich wiederhaben.

»Hast du Leo gesehen?«, fragt Michi Wilhelm.

Ich schrecke auf. »Leo? Wieso Leo?« Ich schreie richtig.

Michi antwortet nur zögernd, weil ich so heftig reagiere. »Er muss auch irgendwo hier sein. Wollte unbedingt mitkommen heute. Ich glaube, er wollte zu dir.«

Ich dreh gleich durch! Leo! Gerade als ich aufstehe, höre ich Menkovitz rufen. »Benni! Hierher!« Da drüben winkt ein Arm. Das muss er sein! Ich renne hin und erkenne ihn, wie er sich über einen hingestreckten Leib beugt. Gleich darauf sehe ich den dichten Haarschopf von Leo, darunter sein Gesicht, blutüberströmt!

»Er hat was abgekriegt. Am Kopf«, höre ich Menkovitz sagen. »Wir müssen ihn sofort ins Krankenhaus bringen.«

Mittlerweile sind jede Menge Sanitäter vor Ort, rennen durcheinander, bringen Bahren und schleppen Verletzte weg, doch es sind längst nicht genug. Bis die Hilfe aus der Stadt kommt, kann es noch dauern. Leo ist nicht bei Bewusstsein, und Blut sickert aus einer Platzwunde knapp unterm Haaransatz über die Stirn. Aber die Wunde scheint nicht tief zu sein. Wenn er nur sonst nichts abbekommen hat …

»Hoffentlich ist da drinnen alles in Ordnung.« Menkovitz meint den Schädel, hat gemerkt, dass ich mir Sorgen mache. »Ich glaube, es hat ihn nur umgerissen und er ist irgendwo mit der Birne aufgeprallt.« Er schnauft durch, wischt sich Schweiß und Dreck von der Stirn. »Wir müssen ihn vorsichtig hochnehmen.«

Ich nicke und packe Leo unter den Achseln. Menkovitz greift sich die Fußgelenke.

»Eins, zwei, drei!« Wir heben den schlaffen Körper vom Boden. Kein Lebenszeichen, der Kerl sackt in der Mitte zusammen wie ein nasser Sack. Und ist genauso schwer, aber wir sind beide kräftig genug, schaffen es, ihn aus dem Getümmel zu schleppen, weiter, da fahren die ersten Sancars aus der Stadt heran, Sanitäter springen heraus, sehen uns. Zwei mit einer Bahre rennen zu uns hin, nehmen uns Leo ab, legen ihn auf die Bahre, drängen uns ab, als wir mitgehen wollen, rufen uns irgendwas zu, fast böse klingt das, dann eilen sie mit Leo zu einem der Wagen, hieven ihn hinein, ein weiß bekittelter Typ springt mit rein, und schon knallen sie die Türen zu und rasen los.

Ich will losbrüllen, bin total sauer wegen der Aktion, denke nur daran, dass ich mit will, bei Leo sein will.

»Lass gut sein«, versucht Menkovitz mich zu beruhigen. »Ist sicher halb so schlimm. So ein Schädel hält was aus.« Er klopft mir freundschaftlich auf den Rücken. Ich nicke bedrückt. »Komm, es gibt genug zu tun jetzt. Wir werden gebraucht.«

Tatsächlich war es ein Riesenglück, dass der Blindgänger nicht mitten im Schichtbetrieb hochgegangen ist. Da sich zum Zeitpunkt der Explosion keiner in der Grube befunden hatte, gab es Gott sei Dank keine Toten. Allerdings waren etliche Männer auf dem Weg zu ihrer Arbeit vom Druck mitgerissen und von herumfliegenden Teilen verletzt worden, teilweise auch schwerer. Doch bei keinem der Verletzten musste man um dessen Leben bangen, hieß es.

Aufräumarbeiten waren erst mal nicht möglich, bevor nicht ein Spezialtrupp die Grube überprüft hatte. Wo ein Blindgänger lag, konnten noch weitere liegen. Die Neuigkeit verbreitete sich schnell an diesem Tag, an dem wir mehr oder weniger tatenlos rumlungerten. Uns allen saß der Schreck noch ganz schön in den Gliedern, darum wurde auch kaum geredet. Der Suchtrupp mit Detektoren machte sich sofort an die Arbeit. Erst am Abend gab es Entwarnung.

Ich wär zu gern zu Leo ins Krankenhaus, vor allem weil ich gehört hatte, dass er bei Bewusstsein war, aber das war untersagt und ich war mir auch nicht sicher, ob er mich sehen wollte. Nach Saufen zum Abschalten war mir nicht zumute, obwohl das viele der Männer nach der Aufregung machten. Ich wollte versuchen, ein bisschen runterzukommen, am besten in der stillen Bude. Milan – falls er überhaupt da war – würde mich nicht stören.

Die Seitenwechsel-Therapie

Er ist tatsächlich da, sitzt wie immer im Rippshirt vorm Laptop. Freundlich erkundigt er sich, was es für Neuigkeiten gibt, fragt sogar nach Leo. »Wie geht's deinem Freund?«

Klingt, als ob wir ein Pärchen wären, aber es ist super nett von Milan, daran zu denken.

»Ganz gut. Er wird sicher bald rauskommen.«

»Prima«, meint Milan nur und widmet sich wieder dem dubiosen Geschehen in seinem Laptop. Dem flimmernden Licht nach sieht er sich einen Spielfilm an. Irgendwie muss er aber doch gemerkt haben, dass ich schlecht drauf bin, denn nach einer Weile klappt er plötzlich das Laptop zu und kommt zu meiner Koje, auf der ich ausgestreckt liege und so tue, als ob ich ein Prospekt studiere. Arbeitskleidung. Der Prospekt zeigt natürlich vor allem Klamotten, aber mich interessieren mehr die geilen Kerle, die als Models dienen. Leckere, haarige Typen mit ordentlichen Beulen in den Hosen, einer wie der andere. Ich kriege mit, wie Milan aufsteht und rüberkommt. Das hat er noch nie gemacht, denke ich noch, in meinen Bereich rüberkommen. Er war drüben, ich hier, das war ein ungeschriebenes Gesetz.

Plötzlich legt Milan eine Hand an meine Wange, streichelt sie und bringt zugleich mein Gesicht in die Nähe seiner Beule. »Du solltest dich ein bisschen entspannen«, rollt seine tiefe Bassstimme an meine ungläubigen Ohren. Milan? Will der Sex mit mir? Der verheiratete, brave Milan?

Er drückt jetzt unmissverständlich mein Gesicht in seinen Schoß. Ich wehre mich nicht. Meine Lippen tasten nach dem Schwanz in der Jeans. Er liegt schräg zum linken Hosenbein hin, ist schon deutlich auszumachen, ein ziemlich dickes und langes Ding. Ich schließe die Augen, reibe mit den Lippen am Schaft unter dem Stoff entlang. Milan! Ein Blick nach oben, in seine Augen, die mit diesem geilen Schuss Gemeinheit und Coolness auf mich herabsehen. Die sexy Fresse mit dem Dreitagebart, die starken, behaarten Arme, die breite Brust, die kleinen Nippel, die sich durchs Rippshirt abzeichnen, der dunkle Haarbusch unter den Achseln. Alles andere ist vergessen, was zählt, ist nur noch dieser Mann, dieser Kerl, dieser geile Heterokerl. Er klatscht mir mit der Hand auf die Wange, verhalten, aber trotzdem geil. Ich steh auf bisschen grobe Typen, ist so ein Ding von mir. Darum nicke ich wie zum Einverständnis. Er soll wissen, dass ich nichts gegen ein paar Ohrfeigen hab. Die Fingernägel mit dem schwarzen Rand machen mich richtig scharf. Geile, starke, dreckige Männerhände.

»Willst du ran an den Schwanz, he?« Ganz fest presst er dabei meinen Kopf in seinen Schoß, schüttelt ihn hin und her, macht mich gierig nach seinem Schwanz.

Ein Griff an meine Kehle, die Drecksau drückt vorsichtig, aber kräftig zu, während die andere Hand meine

Wange tätschelt, wie eine Drohung, jeden Moment erwarte ich einen festen Schlag. Doch der kommt nicht. Stattdessen nestelt Milan seinen Schwanz aus der Jeans und dirigiert mich dabei vom Bett auf den Boden. Ich knie mich brav vor ihm hin, kann nicht genug vom Anblick des geilen Kerls bekommen, starre ihn von unten her an wie ein Weltwunder. Strecke in ungeduldiger Erwartung nach dem Schwanz die Zunge heraus. Mehrmals zieht Milan seinen Schwengel nur über mein Gesicht, schlägt ihn mir in die Fresse.

»Riech dran, du Drecksau.« Leise und knurrend kommt die Anweisung, der ich gehorsam folge. Der Schwanz riecht undefinierbar nach Kerl, nach Schweiß und Pisse und Schwanz. Dicker Haarbusch, der aus dem Hosenstall lugt, die lange Vorhaut verbirgt noch die Eichel. Ich lecke hinein, schmecke salzigen Vorsaft, richtig viel.

»Mmmhmmm,« brumme ich zufrieden. Der Mann ist genau das, was ich jetzt brauche!

Er befreit seine Eier aus der Hose, fette, haarige Bullenklöten, die ich sofort mit der Zunge verwöhne, um dann eins nach dem anderen in den Mund zu saugen. Das gefällt dem Kerl, er stöhnt wohlig auf. Ich lecke die Unterseite vom Schwanz, der immer schwerer wird, sich langsam aufpumpt. Rauf und runter am Schaft lass ich meine Zunge laufen, bevor ich wieder am Vorhautzipfel nuckle. Dann schnappe ich mir die Hand, die an meiner Wange liegt, sauge am Daumen, am Zeigefinger, am Finger mit dem Ehering, bis Milan mir drei Finger ins Maul schiebt, bis hinten in die Kehle. Ich würge, bleib aber brav dran, hole meinen eigenen Schwanz aus der Hose, der längst steif geworden ist. Milan zieht die eingespeichelten Finger aus meinem Maul, und mit ihnen jede Menge Rotz und Schleim, was er mit Schwung auf den Boden schleudert. Dann krieg ich plötzlich wieder eine mit der flachen Hand auf die Backe, fester jetzt, es klingelt kurz in meinen Ohren. Der Kerl zieht Rotze hoch und beugt sich über mich, seilt sie langsam ab, direkt auf meine weit herausgestreckte Zunge. Ich schlucke den zähen Batzen und hechle nach mehr, gierig, durstig. Die Schwanzkuppe schiebt sich über meine Zunge, die Vorhaut geht zurück, nass und schleimig von Vorsaft, ich sauge alles ab. Schmeckt saugeil! Der Schwanz ist immer noch nicht hart, aber dick und schwer. Die Drecksau klopft damit auf mein aufgesperrtes Maul, rotzt noch eine Portion Spucke dazu, dann schiebt er ihn rein. Ein Stück nur, ein paar Zentimeter, bis knapp hinter die blankgelegte Eichel. Ich schließe die Lippen, umzüngle die glatte Kuppe, drücke dann die Zunge raus und lecke unten am Schaft. Wie auf Knopfdruck ist der Schwanz hart geworden, dringt tiefer jetzt, stößt an meine Gurgel, drückt mit wiederholtem Rein und Raus ein paar Mal an die Stelle, bis ich mein Maul weiter aufreiße und die Eichel den Engpass überwindet. Ein kurzer Reiz, dann rutscht der dicke Knüppel in meine Kehle.

Ich nehme Anlauf, sauge mit gleichmäßigen Zügen an dem Teil, schaffe es, ein ziemliches Stück davon reinzubekommen. Grunzend bekunde ich meine Geilheit, wichse kräftig meinen bockharten Schwanz, während ich mit zunehmender Geschwindigkeit Milans Kolben bearbeite.

Milan lacht dreckig. »Scheint dir zu schmecken, was?«

»Ja«, keuche ich zwischen zwei Zügen. Es stimmt, er

schmeckt unheimlich gut, der Schwanz von dem Kerl, mit dem ich auf engstem Raum zusammenlebe, ohne auch nur zu ahnen …

Er drückt jetzt mit beiden Händen meinen Kopf auf seinen Schwanz, hilft mir, das letzte Stück davon zu schlucken, bis zum Anschlag, bis meine Nase in seinem Haarbusch hängt. Ich würge und röchle, werde wie im Schraubstock festgehalten, das dicke Ding pocht und zuckt tief in meiner Kehle, stopft mir den Hals, droht, mich zu ersticken. Da lässt er mich los, und ich spucke den triefnassen Schwanz aus, schnappe laut nach Luft, aber Milan lacht nur.

»Nicht schlecht«, meint er zufrieden. »Ihr Schwulen könnt das echt gut.«

Ich widerspreche nicht, bin viel zu beschäftigt damit, mir das geile Teil schon wieder reinzuziehen. Es klappt besser jetzt, der Schwanzprügel rutscht leichter rein und ich schaffe es, ihn länger ganz drin zu behalten. Milan nutzt die Gelegenheit und fickt mich heftig in die Kehle, hält mich fest, als ich mich losmachen will, zwingt mich noch einige lange Augenblicke, mit dem fetten Kolben im Hals klarzukommen. Dann erst gibt er mich frei.

»Lässt du dich ficken?«, fragt er unvermittelt. Mein Blick klebt an seiner Schwanzlatte, die in einer leichten Rechtskurve steif nach oben zeigt. Ein geiles Teil! Lang und dick. Etwas dunkler als der Rest von Milans Haut, mit zwei heraustretenden Adern und einer himbeerroten Eichel. Zum Verlieben!

»Klar«, sage ich einfach, mache mich aber sofort wieder daran, den leckeren Schwanz zu blasen. Milan lässt mich in

Ruhe dran saugen, und ich versuche, es allein zu schaffen, den Prügel ganz zu schlucken, und bleib dann weiter dran, ficke ihn mir selbst rein, schnell und heftig, bis ich nicht mehr kann. Ich ringe um Atem, bin aber megageil von der Aktion geworden. Milan auch. Sanft führen seine Hände meinen Kopf wieder an den Schwanz. »Komm, komm, komm«, lockt er mich mit seiner sexy Stimme, und ich öffne brav den Mund und lass mir das fette Teil reinschieben, tief rein. Milan beugt sich über meinen Rücken, reibt mit fester Hand über meinen Arsch, packt beide Backen und knetet sie durch. Trotz des dicken Pflocks in der Kehle komme ich ihm entgegen, beuge das Kreuz durch und strecke den Hintern hoch. Während meine Maulfotze weiterhin ihr Bestes gibt, sondiert die Drecksau schon mal das nächste Level. Er bohrt sich unter der Hose in meine Kerbe durch und fingert schamlos mein Loch auf.

»Hmmmmm«, kommt ein zufriedenes Brummen, als er jetzt einen Finger reinschiebt und ich meine Fotzenmuskeln um ihn krampfe und spielen lasse. Dann ein Klaps auf den Arsch. »Los, wir ziehen uns aus.«

Wie oft sind wir schon voreinander in Unterhosen oder nackt rumgelaufen, ohne Hintergedanken. (Oder jedenfalls *beinah ohne* auf meiner Seite.) Das macht es jetzt umso geiler. Dieselbe Umgebung, völlig anderes Programm. Ich lasse den Mann nicht aus den Augen, während ich mich ausziehe. Mann, ist der lecker! Je mehr Kleidungsstücke er abstreift, umso geiler werde ich. Kräftige, behaarte Beine, auch am durchtrainierten Bauch dichtes Fell, genau wie auf der Brust. Vor lauter Vorfreude samt mein Schwengel einen Tropfen dicken Vorsaft ab.

Und dann kommt er auf mich zu, kaum dass auch ich den letzten Fetzen losgeworden bin, und küsst mich auf den Mund. Das hatte ich nicht erwartet, aber der Kerl küsst gut. Ich habe das Gefühl, dass er mich mit diesem Kuss geil machen will, denn seine Zunge erforscht meinen Mundraum zärtlich, nicht draufgängerisch und fordernd. Sie lockt und zögert, macht mich richtig verrückt, macht mich hungrig auf mehr. Sein nackter Körper drängt sich an mich, unsere Schwänze reiben sich aneinander, und während wir uns weiter küssen merke ich, wie ich mich trotz meiner Erregung entspanne. Ich trinke seinen Atem und vergehe vor Wohlgefühl. Dann nimmt er seine Lippen von meinen, hält mich aber weiter im Arm und sieht mir in die Augen. Komisch, diesen Kerl so nah bei mir zu haben, der bisher nur mein Mitbewohner gewesen ist. Aber irgendwie ist er jetzt ein ganz anderer Mann als sonst, darum sehe ich ihn zum ersten Mal richtig. Ohne den Hetero-Tabu-Filter, den ich bisher drauf hatte. Sehe wie sexy er ist, wie begehrenswert!

»Mann, du küsst verdammt gut. Ich hätte nicht gedacht, dass wir uns auch küssen.« Der Gedanke rutscht mir einfach raus, und ich ärgere mich gleich danach. Hoffentlich hab ich nichts versaut!

Aber Milan lächelt nur, ohne den Blick zu lösen, ist amüsiert, nicht verklemmt. »Wenn ich was mache«, meint er dann, »dann richtig.«

Damit küsst er mich wieder. So einfach ist das also.

Ich erwidere seinen Kuss, finde den entspannten Zustand von vorhin wieder, als ob in seinem Speichel eine Art bewusstseinsverändernde Droge ist, die er mir einflößt.

Aber diesmal fahren seine Hände runter an meinen Arsch, kneten ihn, Finger wandern in meine Ritze, reizen das sensible Loch, machen klar, dass es hier nicht nur ums Küssen geht.

»Los, blas mir noch mal einen, das kannst du wirklich gut.«

Ich gleite an ihm entlang nach unten, geh auf die Knie und nehme sofort den dicken Prügel ins Maul. Das Vorspiel hat mich gierig gemacht, ich sauge mit großer Lust an dem saftigen, steifen Schwanz. Seine Hände packen meinen Kopf, und er fickt mich hart in die Kehle, fickt und fickt, bis ich echt nicht mehr kann. Dann erst lässt er los, damit ich endlich wieder Luft holen kann. Gleich noch mal, ich will es auch. Wieder fingert er an meinem Loch rum, dringt ein, der Finger fühlt sich gut an. Oder sind es zwei? Ich weiß nur, dass ich weich und willig bin da hinten. Bin froh, als er mich hochzieht und mir sagt, ich soll mich auf die Pritsche knien. Sie ist ein bisschen schmal, ich muss den Oberkörper leicht zur Seite drehen, aber mein Arsch ist in Position.

Wieder Finger. Er rotzt auf mein Loch. Setzt die Kuppe an. Zieht sie drüber, ein paar Mal. Dringt ein, nur mit der Spitze, dann wieder raus. Noch mal, aber tiefer jetzt, fickt die Stelle mit ein paar kurzen Stößen. Wieder raus.

»Aaahhh!« Mit einem wohligen Aufstöhnen reagiere ich auf das erneute Eindringen, deutlich tiefer ist der dicke Pflock jetzt drin, aber tut höllisch gut! Auch diese Stelle fickt der Kerl auf, reizt sie bis aufs Äußerste, bis ich selbst meinen Arsch weiter auf den steifen Schwanz schiebe und dabei stöhne wie eine notgeile Nutte. Jetzt drückt es doch ganz schön, das Ding ist verdammt hart, aber ich kämpfe gegen den Widerstand an, merke, wie mein Gewebe nachgibt, und dann rutscht er rein, der dicke Hengstschwanz von Milan! Noch bevor ich mich an ihn gewöhnt hab, fängt der Kerl an, mich kräftig zu stoßen. Er packt mich an den Hüften und donnert mir seinen Prügel in die Muffe, dass ich alle Engel singen höre. Zuerst ist es noch unangenehm, aber dann löst sich was in mir, meine Fotze geht auf, und ich komme ihm entgegen. Bin nur noch Fickstück, will nur noch gefickt werden. Jeder Stoß, den er in mich reinschickt, macht mich noch geiler, noch gieriger. Mein eigener Schwanz ist in einem Zustand, den ich kenne, wenn ich richtig gut gefickt werde, von einem richtig geilen Typ: Steif, aber nicht ganz hart, schwingt er mit und läuft förmlich aus, eine Mischung aus Vorsaft und Sperma, wie in einem endlosen Orgasmus. Mann, tut das gut! Milan ist genauso geil, er bockt weiter meinen Arsch durch, ändert den Winkel, kommt von schräg unten jetzt, ohne die Stoßfrequenz zu verringern, fickt mit immer gleich bleibender Kraft. Wir schwitzen beide wie die Schweine. Ich leg meinen Oberkörper auf die Pritsche, Arsch hoch, und lass mich treiben, geb mich völlig hin. Der Kerl fickt mich gnadenlos weiter und fickt und fickt wie ein Dampfhammer. Sein Schrei reißt mich aus meiner Ekstase und mir wird bewusst, dass er in mir abspritzt. Ich spüre, wie sein Schwanz Sperma in mich reinpumpt, wie er zuckt und wie es nasser und heißer wird in mir drin.

Doch bevor sich bei mir Enttäuschung breitmachen will – denn ich bin echt noch megageil –, bewegt sich der dicke Kolben wieder, reibt sich in meinem Innersten, nimmt wieder Fahrt auf. Glitschig ist das, ich merke, wie der Saft rausläuft beim Rein- und Rausfahren. Er fickt langsamer als vorhin, genießt die vollgespermte Fotze, hat noch nicht genug. Ich werfe ihm einen Blick über die Schulter zu und er sieht mich kurz an, konzentriert sich dann wieder auf den Fick. Ich muss Grinsen. Er bemerkt es, grinst zurück.

»Hab 'ne Menge Druck drauf, ist schon 'ne Weile her, dass ich zum letzten Mal gefickt hab.«

Ich kann mir gut vorstellen, dass er es seiner Frau noch mal ordentlich besorgt hat, bevor er für Wochen oder Monate auf dem Bau schuftet. Ich will die Stellung wechseln, will ihn sehen, wenn er mich fickt. Mit einer schnellen Bewegung schmeiße ich ihn raus und drehe mich auf den Rücken, halte die Beine angewinkelt an den Oberschenkeln und biete ihm meinen Arsch an. Der Kerl greift rüber und streicht mir über den Schwanz, der immer noch angesteift ist und aus dem immer noch Saft tropft. Er umfasst ihn, drückt und wichst ihn kurz, aber ohne großes Interesse. Das gilt schon wieder meinem Loch. Um ihn anzufeuern reibe ich mit den Fingern über die Rosette. Sie ist nass und angeschwollen. Mit einem Finger fahr ich rein und fühle die Hitze. Ich presse ein bisschen, und dicke Spermasoße tropft heraus.

»Geil«, kommt es von Milan, der fasziniert das Schauspiel beobachtet, sofort rangeht und seinen dicken Prügel in die Arschfotze schiebt. Er beugt sich über mich, nimmt meinen Arsch mit und führt jetzt ein paar genüssliche Stöße von oben aus. Ich spür jeden Zentimeter Schwanz bei der Aktion. Geil ist das, soooo geil! Ich stöhne vor mich hin, bin irgendwie weg, es gibt nur noch den Schwanz in meinem Arsch. Mach die Augen auf, um wieder runterzukommen, und seh diesen geilen Kerl, den Kopf geneigt, er starrt auf mein Loch, das von seinem Schwanz gefickt wird. Seh das dünne Goldkreuz vor mir baumeln. Die breite, behaarte Brust. Den schwarzen Busch unter seinen Achseln. Ich riech den Kerl, riech seinen Schweiß, seine Hormone, zieh mir das Aroma richtig rein. Dann sein Blick. Da ist keine Nähe, keine Verbundenheit, nur Geilheit. Ganz offen zeigt er mir, dass es hier um puren Sex geht, das hat nichts mit Leidenschaft zu tun. Ich grinse ihn an, soll mir recht sein, dann eben nur Sex. Er zwinkert mir zu. Geil! Ich komm ihm entgegen, recke mein Becken noch höher, bocke gegen seine Stöße.

»Jaaa, guuuut,« lobt er meinen Körpereinsatz, fickt ununterbrochen weiter, tief und mit langen Strichen, dann wieder ganz drin und schnelles Staccato. Das macht mich tierisch geil und mein Fickdarm vibriert wie eine Elektrofotze. Das Sperma als Schmiermittel funktioniert super, ich hab das Gefühl, ich spür den Schwanz jetzt noch deutlicher als vorher. Die haarigen Eier klatschen an meinen Arsch, als er den fetten Prügel nun heftiger reinhaut. Der Kerl ist schon wieder so in Rage, dass er jeden Kunstgriff vergisst und nur noch fickt. Ein paar Mal hebt er den Kopf und sieht mich an, aber nur kurz, mehr aus Routine, und als er mich sieht – einen Kerl – wendet er sich doch gleich wieder der Fickfotze zu. Bloß keine Gefühle! Aber ich kann es nicht lassen, ihn von oben bis unten anzustaunen, so viel ich von ihm zu sehen kriege. Als sich wieder mal unsere Blicke treffen und ich ihn wieder selig angrinse, haut er mir plötzlich eine auf die Backe, ziemlich punktgenau und fest.

Ich grunze, fühle meine Nerven kribbeln, aber nicht die von der Backe – doch, die auch –, sondern vielmehr unter der Stirndecke. Da kribbelt es, als ob Funken sprühen. Ich hab kapiert, lass das Grinsen, bin nur noch Fickschlampe, lass mich ficken und zeig ihm, dass es mir gefällt. Und mir gefällt es auch, oh ja!

Diesmal dauert es länger, bis Milan kommt. Und nachdem er gemerkt hat, dass ich ganz schön devot sein kann, spielt er das noch ein bisschen aus. Anscheinend fällt ihm der Sex mit einem anderen Mann leichter, wenn er der dominante Macho sein darf. Die Rolle steht ihm gut, ziemlich klar, dass er so auch mit seiner Frau oder irgendwelchen *Bitches* umspringt.

Er setzt sich auf einen Stuhl und befiehlt mir, seinen Schwanz zu blasen. Sagt mir genau wie. »Leck die Eichel, ja, die Stelle da unten.« – »Maul weit auf und dann ganz rein!« – »Beiß zu, aber nicht zu fest, ja, genau da an der Wurzel.« Ich mache alles, was er sagt, der Befehlston erregt mich saumäßig, hätte ich nie gedacht …

Seine Hände dirigieren meinen Kopf, wie er will. An die Eier. An den Schaft. Auf den Knüppel drauf, bis er tief in meiner Kehle steckt und mein Kopf auf und nieder gedrückt wird, schnell, immer schneller. Er benutzt mich wie eine Wichsmaschine!

Lacht dreckig dabei. »Du bist echt 'ne heiße schwule *Bitch*«, knurrt er mit einem zufriedenen Grunzen, reißt mich von seinem Schwanz los und rotzt mir ins aufgesperrte Maul. Die Tränen laufen mir die Backen runter, aber ich will immer noch mehr, und das macht den Kerl immer wilder. Böse und hart fickt er meine Kehle, umfasst hart meinen Hals, hält mich fest.

Bis er mich lachend wieder wegstößt. »Mann, bist du 'ne geile Drecksau!« Er scheint wirklich begeistert, was mich ganz schön stolz macht. Für den Kerl spiel ich gern die Nutte! »Wie eine Profihure«, meint er dann noch anerkennend.

Da werde ich bockig, ganz automatisch. *Der* Ton passt mir nun doch nicht. Gott sei Dank schaltet Milan einen Gang runter, schiebt mir seinen Hengstschwanz vorsichtiger rein, beugt sich dann sogar zu mir und küsst mich endlich wieder, richtig mit Zunge. Geil! Was für ein geiler Mann!

»Ich will ficken«, kommt es dann gleich darauf, und er dirigiert mich in eine gebückte Haltung am Tisch. Kein Vorlauf, er dockt sofort an und drückt die fette Eichel rein. Ich bin noch so nass und aufgefickt, dass sich das genial anfühlt, und als er weiter eindringt, geht meine Fotze auf wie eine Blume, wenn sie die Sonne spürt. Rein und raus schlüpft der dicke, harte Schwanz, ganz mühelos, bis zum Anschlag. Als er den Lustkorken ganz rauszieht, läuft mir jede Menge Sperma die Beine runter. Sofort werde ich wieder gestopft, ein paar kleine, ganz tiefe Stöße schickt er mir rein, dann ist er schon wieder raus. Wieder spüre ich, dass ich auslaufe, wieder werde ich gestopft. Zitternd erwarte ich den nächsten Stoß, will ihn drin haben, den geilen Machoschwanz. Der wacklige Tisch hält unserem wilden Fick kaum stand, rutscht immer wieder weg, sodass ich nachfassen muss, doch Milan rückt nach, lässt nicht ab von mir. Mein Loch glüht, hat jedes Eigenleben aufgegeben, wird von dem Ficker völlig egoistisch durchgezogen, und obwohl die Haltung unbequem ist, meine Beine langsam nachlassen und die eigene Geilheit kaum noch eine Rolle spielt, halt ich den Arsch weiter hin, will nicht abbrechen, will dem Schwanz weiter als Fickstück dienen. Mit Nachdruck setzt der Kerl zum Endspurt an, beinah verbissen, er will kommen, nutzt das heiße, nasse Fickloch, wie es ihm passt. Ich presse mit letzter Kraft die Muskeln zusammen, als er es mit langen Strichen durchzieht, verschaffe ihm die größtmögliche Reibung, will ihn zum Abspritzen bringen. Höre, wie sein Stöhnen schneller, lauter wird. Spüre, wie er noch mal den Einstiegswinkel ändert, mir von schräg unten die Muffe aufreißt, die Eichel am Lochrand reibt, dann wieder eindringt und schließlich, mit einem langgezogenen, beinah zornigem Ächzen, zum Abschuss kommt. Tief in mir drin zuckt der dicke Knüppel, entlädt sich, pumpt mich mit Sperma voll, verliert an Härte, lässt sich kaum halten von meinen Muskeln, die ihn abmelken, den letzten Tropfen aus ihm rausholen. Dann rutscht er raus.

Ich bin fix und fertig, meine Beine zittern und ich ringe nach Luft. Mein Schwanz ist zusammengefallen, der eigene Orgasmus weit weg. Mühsam schaffe ich es auf einen Stuhl und versuche, meine Sinne wiederzufinden, schließe die Augen. War das ein Fick! Der Schweiß läuft mir in Strömen über Gesicht und Brust, mein Loch brennt regelrecht, noch immer fühlt es sich so an, als ob der dicke Schwanz drin steckt. Da spüre ich eine Berührung. Milan steht vor mir und hält mir seinen schlaffen, aber immer noch fleischigen Spermaschwanz vor die Nase. Der Anblick des geilen Teils weckt meine Lebensgeister wieder. Wie der mich gefickt hat! Geil! Ich nehm ihn in den Mund, greif meinen Lümmel und fang an zu wichsen. Schnell wird er steif, und Milan lässt mich an seinem Schwengel lutschen, bis ich abspritze. So heftig ist mein Abgang, dass ein paar Spritzer an Milans Oberschenkel klatschen. Milan, die Drecksau, fischt das Sperma von seinem haarigen Bein und füttert mir das Zeug rein. Genüsslich schlecke ich meinen Samen vom Finger, lass mir auch noch einen zweiten reinschieben, sauge daran, mach die Augen auf und beobachte Milan, der entspannt und spielerisch meine Lippen und die Zunge an seinen Fingern gewähren lässt. Dann zieht er sie raus, grinst mich an und tätschelt mir die Wange.

»Na?«, fragt er mit rauer Stimme, »geht's dir jetzt besser?«

Ich nicke nur stumm und glücklich, der Kerl hat es tatsächlich geschafft, mir die trüben Gedanken rauszuvögeln.

»Super.« Damit geht er zum Kühlschrank, summt eine kleine Melodie vor sich her, scheint ebenfalls ganz happy. Er bringt mir eine eiskalte Dose Energy-Drink mit, die ich dankbar annehme.

»Willst du wirklich weg?«, kommt die überraschende Frage.

Ich überlege kurz, aber eigentlich weiß ich plötzlich, dass das nicht mehr zur Debatte steht. »Nein.«

»Okay«, meint Milan nur, als ich nichts weiter sage.

Er weiß, dass das nichts mit ihm zu tun hat, aber der Fick hat sicher geholfen, mich zu sortieren. Nicht alles so wichtig zu nehmen. Es gab immer eine Lösung, eine andere als Abhauen.

»Wollen wir duschen gehen?«, frage ich ihn.

»Nö«, kommt es trocken zurück. »Mach ich morgen früh. Ich riech dich ganz gern an mir.«

Ich muss lachen, aber er beachtet das nicht, sucht seine Unterhosen, zieht sie an und legt sich dann einfach in seine Koje. Ein komischer Hetero-Mann. Macht schamlos versauten Sex mit anderen Kerlen – ich bin sicher nicht der Erste gewesen –, fühlt sich kein bisschen dreckig danach, und ist doch zweifellos ein echter Hetero. So jedenfalls kommt er rüber. Oder war das einer von diesen ›echten‹ Bisexuellen? Egal …

Ich mach das Licht aus und segle federleicht in den Schlaf. Mit seinem geilen Duft in der Nase.

Schwarze Herausforderung

Als wir am nächsten Tag endlich die Kumpels im Krankenhaus besuchen konnten, zögerte ich mitzugehen. Vor Schichtbeginn – denn die Arbeit konnte wieder aufgenommen werden – sollte ein Bus die Männer, die wollten, hin- und dann wieder zurückbringen. Das erzählte Milan. Er war schon geduscht und trank Kaffee, als ich mich aus dem Bett quälte. Ein kurzer Gruß, dann hatte er wieder die Zeitung vorm Gesicht. Was gestern Abend geschehen war, war vorbei. Er war wieder ganz der Alte. Aber er hatte schon von der geplanten Busfahrt gehört. Ich sagte nichts darauf, schnappte mir meine Sachen und ging zum Duschen. Wusch ihn ab, den Geruch von dem geilen Kerl, den Geruch von Sex, bekam langsam einen klaren Kopf, während ich das warme Wasser über mich laufen ließ. Also gut, ich würde mitfahren. Es war ja nicht so, als ob ich der trauernde Lover war, der seinen kranken Mann besuchte. Nur einen verletzten Kumpel nach einem schrecklichen Unglück. Ich würde auch nicht allein mit ihm sein, keine Gelegenheit für Sentimentalitäten oder Streit. Trotzdem würde ich vielleicht wissen, wie es weitergeht, wenn ich ihn sehe.

Wilhelm, Michi und Jochen waren auch dabei, und natürlich Menkovitz. Und jede Menge anderer Kumpels, beinah die Hälfte der Besetzung. Im Krankenhaus angekommen, verteilte sich das schnell. Ich stand dann doch allein an Leos Bett. Im Einzelzimmer, immerhin. Er sah schlimmer aus, als ich gedacht hatte: dicker Kopfverband, blutunterlaufene Augen, leichenblass. Ich griff nach seiner Hand und drückte sie stumm, während er zu lächeln versuchte. Er schien Schmerzen zu haben. Erzählte mir, dass ein Splitter sich in seinen Schädel gebohrt hatte. Dass es ziemlich knapp gewesen war, weil er irgendwas im Gehirn getroffen hatte, und dass es gut war, dass er so schnell in den OP kam. Ich saß sprachlos da, konnte nichts sagen. Keiner hatte mir berichtet, dass es um Leben und Tod gegangen war! Das war es doch, oder? Und dann stand plötzlich ein Arzt bei uns, quasselte gut gelaunt los, und nach einer Weile erkannte ich ihn: Es war einer der Typen von der Feier in der Villa!

»Gregor«, stellte er sich mit Handschlag vor. Dann war er wieder weg.

»Er hat mich operiert«, erklärte Leo. Dann erzählte er, dass dieser Gregor eigentlich in einem Krankenhaus in Ludwigshafen arbeitete, aber wegen ihm extra per Helikopter eingeflogen worden war und immer wieder nach ihm sah. »Das haben Max und seine Jungs eingefädelt. Normal würde das nie so einfach klappen.«

Ich reagierte nicht gleich.

»Du weißt schon: Max. Unser Gastgeber von neulich.«

»Ist verdammt nett von denen«, meinte ich anerkennend.

»Aber du hast das überhaupt möglich gemacht. Dass

ich schnell hier war und so …« Es klang beinah verzweifelt. Als ob er noch nicht sicher war, ob das gut gewesen war, oder ob er nicht lieber tot wäre. Und dann liefen ihm Tränen über die Backen, einfach so. Ich setzte mich zu ihm und nahm ihn in den Arm, wusste gar nicht, was ich sagen sollte.

»Na ja, eigentlich war's Menkovitz, der dich gefunden und geschrien hat, bis ich gekommen bin.« Ich quatschte einfach drauf los.

Leo streichelte meine Arme. »Ich muss noch mal operiert werden«, sagte er dann leise.

Ich wollte meinen Schreck nicht zeigen, blieb stumm. Leo erklärte, dass der Splitter zwar raus war, aber irgendwas musste noch repariert werden da drin. Er deutete auf den Verband am Kopf. Noch immer rang er mit den Tränen, hatte bestimmt eine Scheißangst, die arme Sau. Meinte, dass er für den Eingriff nach Frankfurt gebracht und ein Spezialist das machen werde.

»Alles wegen Max und seinen Kumpels. Sonst wär das nie möglich.«

Mann, das war echt super von diesen Typen, das musste ich zugeben. Leo konnte von Glück reden, dass die an den richtigen Hebeln saßen und das für ihn klarmachten. Menkovitz kam rein, ausgerechnet mit diesem Max im Schlepptau. Ich stellte mich neben das Bett, obwohl Leo weiter meine Hand hielt. Stand da wie so ein Vollpfosten, während die beiden mich gar nicht beachteten, nur mit Leo redeten. Schließlich machte ich mich sanft los. Als dann auch noch ein paar Kumpels vom Bau bei Leo vorbeisahen, verdrückte ich mich klammheimlich. Leo merkte es gar nicht in dem Trubel. Ich würde ihn später anrufen …

Auf dem Gang wurde ich aufgehalten. Als ich mich umdrehte, war es Max, der mir nachgerannt war. »He, Großer«, meinte er mit einem freundlichen Lächeln, »renn doch nicht einfach weg.« Er umarmte mich, als ob ich sein bester Freund wäre. »Das war ja ein schöner Schreck, was? Aber Gott sei Dank kriegen wir das wieder hin. Leo ist bald wieder der alte.«

Ich nickte nur zustimmend, wollte weg. Aber so einfach ließ mich der Typ nicht gehen.

»He, wir feiern heute Abend bisschen bei mir –«

Er merkte sofort, dass ich abwehren wollte, klopfte mir beschwichtigend auf die Schulter. »Keine Angst, nichts mit Sex oder Tanzen. Wir trinken einen auf Leo und den ganzen Mist, dass alles noch mal gut ausgegangen ist. Auf das Leben. Ist für die paar Freunde, die bei der Sache geholfen haben. Komm schon, es wär mir eine Ehre.« Er schien es wirklich ernst zu meinen, aber ich hatte echt keine Lust auf so was.

»Ist Menkovitz auch dabei?« Ich hoffte, so aus der Misere zu kommen. Doch Max ließ das nicht gelten.

»Ja, aber das ist doch egal, oder? *Ich* will, dass du kommst. Ich bitte dich darum.«

Das war natürlich eine ganz fiese Nummer. Er konnte sich denken, dass Leo mir erzählt hatte, was er und seine Freunde für ihn getan hatten. Dafür wurde nun irgendwie erwartet, dass ich spurte. Vielleicht sogar meinen Arsch hinhalte. Aber nein sagen konnte ich erst mal nicht.

»Okay, ich komm«, stimmte ich also zu, versuchte, mir einzureden, dann immer noch bestimmen zu können, wie es weiterging.

Max war begeistert. »Super. Theo holt dich um sieben ab.« Damit drehte er sich um und ging zurück ins Krankenzimmer.

Keine Ahnung, warum wir alle brav zur Schicht erschienen nach Mittag. Richtig Lust hatte keiner, und es wurde uns sogar freigestellt, wegzubleiben. Es war irgendwie der Herdentrieb, glaub ich. Vielleicht wollten wir auch einfach nicht alleine sein, keiner von uns, immer noch traumatisiert vom ›*Big Bang*‹, wie wir das inzwischen nannten. Hofften, die Arbeit würde uns ablenken. Wir nahmen die Anweisungen von Menkovitz entgegen und ließen die Maschinen rattern. Wie erwartet war früh Schluss, schon kurz nach fünf. Die anderen dachten, das geschah so aus Feingefühl, aber ich wusste, dass Menkovitz nur pünktlich zur Party wollte.

Diesmal hätte ich auf Milans Anwesenheit verzichten können, zurück im Container, aber er saß da wie immer. In sein scheiß Laptop vertieft. Einerseits war ich froh, dass er auch so schweigsam wie sonst war, andererseits wurmte es mich, dass er so gar nicht auf unsere gestrige Nummer einging. Er zeigte mir dasselbe Desinteresse wie zuvor, ich war nur der Mitbewohner. Aber ich hatte jetzt keinen Bock, ihn deswegen anzumachen und womöglich eine blöde Diskussion loszutreten. Ich hatte genug damit zu tun, mich seelisch und moralisch auf die Gesellschaft heute Abend einzustellen. So zivil wie möglich gekleidet – Jeans und Poloshirt – ging ich zum Tor. Dort wartete schon derselbe Chauffeur wie letztes Mal, grüßte mich kurz, und wir fuhren los. Menkovitz hatte wohl eine eigene Kutsche genommen.

Richtig beklommen wurde mir auf der Fahrt beim Gedanken an das letzte Mal, als ich noch nicht wusste, was mich erwartete. Leo …

Der würde heute nicht dabei sein, obwohl vielleicht viel über ihn geredet würde. Nein, verdrängte ich die Vorstellung, eine Trauerfeier sollte das bestimmt nicht werden!

Trotzdem war es ruhiger als neulich. Ich löffelte Suppe an einem Tisch mit acht Typen. Menkovitz saß weit genug weg. Die meisten kamen mir bekannt vor, aber vielleicht waren auch alle auf der Party von Max gewesen, keine Ahnung. Dieser Gregor, der Arzt, war auch da. Dann der Hauptgang. Die Gespräche liefen schleppend. Mein Tischnachbar versuchte freundlich, mit mir über die Technologie des Thermokraftwerks zu reden, er hatte wohl damit zu tun, doch mein Interesse und meine Kommentare hielten sich in Grenzen. Ich fragte mich immer noch, wie der Abend weitergehen würde und was meine Rolle sein mochte. Kaum waren die Teller abgeräumt, erhob sich Max.

»So, genug Small Talk. Jetzt kommen die harten Drinks und bisschen Musik. Ihr wisst ja – wie immer –, wer es nicht mehr nach Hause schafft, der kann hier pennen, kein Problem, also nicht so schüchtern!« Damit nahm er sich gleich mal einen doppelten Wodka von dem Tablett, das ein älterer Bediensteter herumreichte, und verteilte den Rest. Kaum hatten wir das Zeug gekippt, ging das Licht aus, Musik an, und die bunten Laserstrahler jagten durch den Raum. Der Schreck fuhr mir in die Glieder, denn ich dachte, nun müsste ich anfangen zu tanzen und mich ausziehen! Aber keiner beachtete mich. Stattdessen glotzten alle zur Diele. Die Türen standen weit offen, und ich sah drei Männer im schnellen Schritt herankommen. Aber was für Männer! Mir blieb die Spucke weg! Es waren drei unheimlich schöne schwarze Kerle, die da in Bauarbeiterklamotten mitten zwischen uns sprangen, sich dann aber sofort losmachten und die Stangen krallten. Jedenfalls zwei davon, der dritte blieb in der Mitte stehen. Und dann begannen sie mit einer Nummer, die echt sensationell war. Dagegen waren Leo und ich Anfänger, so viel war klar.

Ihre muskulösen Körper dehnten sich zum Spagat und wieder hoch, kraftvolle Saltos, die Jungs waren der Hit! Als sie dann auch noch strippten – jedenfalls bis auf einen Jock –, kannte die Begeisterung der Zuschauer keine Grenzen mehr. Auch ich war gebannt. Mann, waren die geil! Einer wie der andere. Sie waren ungefähr gleich groß, vielleicht eins fünfundachtzig, aber trotzdem verschieden im Körperbau. Der Linke hatte längere Beine irgendwie, war ein bisschen schmaler und sehniger als die beiden anderen und hatte einen rasierten Schädel, große, ausdrucksvolle Augen und dunkle, volle Lippen. Der in der Mitte hatte geile Mini-Dreadlocks, trug eine Sonnenbrille und hatte Bizeps zum Niederknien. Er war der dunkelste von den dreien, aber seine Lippen waren tiefrot, und wenn er lachte, zeigte er nicht nur die Zähne, sondern auch ein Zahnfleisch, um das ihn jeder Zahnarzt beneiden musste. Und eine megalange Zunge! Der Dritte hatte ziemlich hohe Backenknochen und schräg gestellte Augen, dazu einen arroganten Zug im Gesicht, aber das sah geil aus. Auch die kleine Afro-Matte in der Schädelmitte stand ihm prima. Die drei führten so eine Art akrobatischem Macho-Tanz-Battle um die beiden Stangen auf, mit angedeutetem Kampf und zwischendurch Fickbewegungen, da war alles dran!

Die ganze Show dauerte bestimmt eine halbe Stunde. Ich klatschte freudig mit beim Applaus, aber als sich die anderen um die Tänzer drängten, blieb ich außen vor. Dazu hatte ich keine Lust, mich da in der Menge an ihnen zu reiben, ihnen Komplimente zu machen, und Visitenkarten würde ich ihnen bestimmt nicht zustecken.

Stattdessen setzte ich mich an den Tisch, schnappte mir irgendein Weinglas und kippte es runter. Überlegte, wie ich meinen Rückzug organisieren könnte, denn hier bleiben wollte ich nicht mehr. Zu viele Erinnerungen wollten hochkommen, und darauf hatte ich keinen Bock. Als ich so die Lage sondierte, wurde mir klar, dass niemand merken würde, wenn ich mich einfach verpisste. Ich stand auf und tat, als wollte ich zur Toilette gehen. Leider hatte ich die Rechnung ohne den Gastgeber gemacht. Er war schon wieder ganz schön angetrunken und erwischte mich beim Rausgehen.

»Mann, muss ich schiffen«, meinte er lachend und schlang mir einen Arm um die Hüften. Mir fiel nichts Besseres ein, als mit ihm zu gehen. Natürlich gab es in dem feinen Puff ein Klo mit Pissoirs. Wir pissten beide, wobei Max vor sich hin kicherte. Der Abend schien ihm zu gefallen. Im Vorraum am Waschbecken sagte ich es ihm.

»Du, Max, ich will gehen, das ist hoffentlich okay, oder? Mir ist nicht so nach Party.«

Mit echtem Bedauern sah mich Max im Spiegel an. »Echt? Das ist aber schade. Ich hab gedacht, das bringt dich mal auf andere Gedanken hier.«

Ich schnaubte mit einem kurzen Lachen. »Nett von dir, aber das hatte ich schon.« Auf seinen erstaunten, dann amüsierten Blick hin – er hatte verstanden! – meinte ich nur: »Mir geht's gut, danke.« Ich schlug ihm freundschaftlich an den Oberarm.

»Okay. Warte noch kurz, ich sag Theo Bescheid, der fährt dich zurück.« Ich rechnete es ihm hoch an, dass er nicht versuchte, mich zum Bleiben zu überreden. Er bat mich, draußen am Pool zu warten, bis Theo mich holen kam.

Eigentlich will ich lieber woanders warten, denn am Pool werde ich wieder nur an Leo erinnert, aber Max dreht sich schon um, und Leo ist ja schließlich nicht tot. Also setze ich mich auf eine steinerne Bank, so weit es geht weg von der Stelle, wo ich mit Leo gewesen bin.

Viel Zeit kann nicht vergangen sein, darum wundere ich mich, dass plötzlich die Verandatür aufgeht und zwei von den Tänzern ins Freie kommen. Der mit der Sonnenbrille – ohne Sonnenbrille – und der mit dem arroganten Gesicht. Hätte nicht gedacht, dass die Kerle drinnen sie so schnell gehen lassen! Sie reden miteinander – Französisch? – und lachen. Reißen sich die Jocks runter – Mann, haben die Dinger zwischen den Beinen! – und tauchen kopfüber flach ins Becken ein. Kommen wieder hoch, quatschen und lachen und schwimmen umeinander herum. Bis sie sich schließlich treffen und küssen!

Mir ist die Situation megapeinlich, ich komm mir wie ein Spanner vor. Dabei bin ich doch nur überrumpelt worden! Aber bevor ich mir überlegen kann, wie ich aus der

Nummer rauskomme, entdecken mich die zwei. Sie rufen, springen sofort aus dem Wasser und rennen zu mir hin. Aber sie lachen dabei und wirken nicht bedrohlich. Trotzdem wehre ich mich, als sie mich jetzt lachend von der Bank zerren und in Richtung Pool ziehen. Sie sind verdammt kräftig, ich hab keine Chance und lande kurz darauf im Wasser. Kichernd wie zwei Teenager springen die beiden hinterher.

Sie haben sofort Boden unter den Füßen, genau wie ich, und durchpflügen mit paddelnden Armen das Wasser um mich herum. Wie Haie, aber ich bin nur fasziniert, nicht ängstlich. Beim Rumziehen durch die Lande sind auch ein paar Brocken Französisch hängen geblieben. Darum glaube ich zu verstehen, was die beiden sich zurufen, während sie mich umkreisen. Dass ich ganz lecker sei. Dass ich bestimmt eine Pussy sei. Ein guter Schwanzlutscher, aber bei den großen Schwänzen, den »*bites*« …

Das Spiel fängt an, mir zu gefallen. Ich strecke ziemlich eindeutig meine lange Zunge raus und wedele damit hin und her. Die beiden johlen begeistert auf. Der mit den Mini-Dreadlocks fährt seine Mega-Zunge aus und kommt ran, wir züngeln ein bisschen miteinander. Auch der andere ist jetzt näher an mir, jede Menge Hände reißen mir die Klamotten runter, was hier im Wasser gar nicht so einfach ist. Alles klemmt, aber die Jungs nehmen es nicht so genau. Mit ein paar Handgriffen sind mein Polo und die Jeans nur noch Fetzen, die auf der Wasseroberfläche treiben. Der Unterhose geht es nicht besser. Gleichzeitig schmiegen sich ihre Körper an mich, mal von hinten, mal von vorne, ein regelrechtes Karussell von Berührungen. Ab und zu schwappt einer der beiden – inzwischen halbsteifen – Schwänze an meine Schenkel. Als ich einen ergreife – es ist der von dem mit der arroganten Fresse – krieg ich ehrlich gesagt nun doch ein bisschen Angst. Ich hab schon mit etlichen Schwarzen gefickt, darum weiß ich, dass das, was ich da in der Hand habe, wirklich was Besonderes ist. Sowas sieht man sonst nur in Pornofilmen. Der kurze Blick vorhin hat mir verraten, dass der andere genauso gut bestückt ist. Ich bin total enttäuscht! Das hätte so geil werden können, aber diese Riesenschwänze schaffe ich nicht, so sehr ich es auch will. Ich muss irgendwie hinkriegen, das den beiden klarzumachen.

Max rettet mich. »Benni?« schallt seine Stimme zu uns herüber. Er steht an der Tür und winkt. »Was ist jetzt? Gehst du oder bleibst du?«

Ich zögere, bin ziemlich überfordert. Und dann rettet mich Max doch nicht.

»Geht lieber in mein Zimmer«, ruft er den beiden auf Französisch zu. »Sonst habt ihr hier bald jede Menge Publikum.«

Und Abgang.

Meine beiden Freunde schwimmen mit ein paar Zügen zum Beckenrand und schwingen sich aus dem Wasser. Drehen sich um und sehen mich fragend an. ›Was ist? Kommst du nun?‹ Die Blicke sprechen Worte.

Ich will keine Pussy sein. Das ist einer der Gründe, warum ich ihnen folge. Die anderen – keine Ahnung! Sie gehen schweigend voran nach oben, ungeachtet des Wassers, das an uns hinuntertropft, kennen sich wohl auch gut aus hier. Mein Herz sinkt immer tiefer, während ich eine Stufe nach der anderen hinter ihnen her trabe und dabei ihre Muskelärsche vor mir hab. Die machen mich kaputt! Trotzdem gehe ich weiter, wie ein Lamm zur Schlachtbank. Warum? Vielleicht, weil ich meinen Instinkten trauen kann. Ich werde schon klarkommen, so oder so. Entweder es wird megageil, oder es klappt nicht und ich hau ab. Alles cool.

Kaum sind wir drinnen – dasselbe Zimmer wie neulich mit Leo und Max –, nehmen mich die zwei in die Mangel. Während der eine, der mit den Mini-Dreads, mich mit seiner langen Zunge küsst und ableckt, drückt sich der andere von hinten an mich, greift rum und zwirbelt meine Brustwarzen. Sie knutschen auch miteinander, quatschen irgendwas und lachen geil. Der eine dreht meinen Kopf zu dem anderen, damit auch wir knutschen können. Ich kriege mit, dass der Zungentyp, der mich immer wieder küsst, Jamal heißt. Der andere Antoine.

Sie drücken mich sanft auf die Knie.

Jamals Knüppel ist beschnitten. Der Schaft glänzend schwarz, der fette Eichelpilz dunkelrosa. Er hat locker fünfundzwanzig Zentimeter und ist so dick wie mein Handgelenk. Ich spucke auf meine rechte Handfläche und wichse den Riesenschwengel, der noch nicht ganz hart ist.

Antoines Prachtstück ist unbeschnitten, wesentlich hellhäutiger und nicht ganz so lang, aber ebenso dick. Reichlich Vorhaut hängt noch über die Schwanzspitze hinaus. Als die Drecksau den Riemen kurz zucken lässt, rollt ein Tropfen zäher Vorsaft über die Hautklippe, den ich sofort mit der ausgefahrenen Zunge auffange und auskoste. Hmmm, geil! Die Eier sind rasiert und hängen gut im Sack, ich kann sie prima lecken und in den Mund nehmen.

Der Kerl schlägt mir seinen Prügel ungeduldig an die Backen, und ich widme mich dem geilen Teil. Führe meine Zunge an der Unterseite entlang nach oben, dann wieder zurück zu den Eiern, denen ich einen kurzen Schlecker verpasse, bevor ich wieder hochwandere; an der Vorhaut nuckle, den salzig-Süßen Saft herausschlürfe. Die Kuppe in den aufgesperrten Mund nehme – Mann, ist die dick! – und ein bisschen hin- und herfahre mit den Lippen. Schwanzstöße jetzt, ganz sachte, aber der Kerl will ficken! Ich reiße mein Maul auf. »Aaahhhh«, kommt es geröchelt aus meiner Kehle im verzweifelten Versuch, durch die Lautübung mehr Raum zu schaffen. Für das dicke Ding. Für dieses verdammt dicke Ding!

Ich geb mir wirklich Mühe, aber das letzte Drittel schaffe ich einfach nicht. Erst als er mir den Schwanz entzieht, kriege ich wieder mit, dass die beiden ständig miteinander reden. Ziemlich versaut, und das macht mich scharf, obwohl – oder gerade! –, weil ich nicht viel verstehe.

Jetzt ist der andere dran, Jamal mit seinem beschnittenen Riesenschwanz, der inzwischen knochenhart ist. Es gefällt ihm, die fette Eichel in meiner Backentasche rein- und rausploppen zu lassen. Lacht dreckig dabei, der andere mit, Spuckebatzen treffen Gesicht und Mund. Dann drückt sich der Pflock an meine Gurgel. Passiert sie. Ich bin total überrascht, dass das geht, und schon bohrt sich der harte Schwanz weiter, tiefer, bis ich ihn rauskotze. Hab Mühe, den Rest vom Essen zurückzuhalten. Werde von Jamal an die Eier dirigiert, schlecke und sauge daran, froh, wieder frei atmen zu können, zwei dicke Eier, kaum behaart der Sack, lässt sich genial bespielen. Dann muss ich wieder ran. Von hinten fasst der andere links und rechts in meinen Mund und spreizt ihn auseinander. Ich mache mein Maul auf, so weit ich kann. Die nass glänzende Eichel kommt näher, meine Zunge begrüßt sie, sie schiebt sich rein, stopft meine Kehle, drückt sie schmerzhaft auf, rutscht Millimeter für Millimeter tiefer, hört nicht auf. Vor Anstrengung, Luft zu bekommen, platzt mir fast der Kopf, aber ich schaffe es, die Panik zu unterdrücken. Hole mir irgendwo her eine Dosis Sauerstoff, bewege meinen Kopf auf und ab und sauge den Schwanz richtig ab. Der Kerl hinten hilft mir mit den Händen und dirigiert mich, bestimmt den Rhythmus. Will dann aber selbst wieder sein Ding in meine Maulfotze schieben, dreht mich um, schiebt mir den saftigen Vorhautschwanz rein, rutscht über die Gurgel und rein in den Kehlschlauch. Er ist geschmeidiger als der andere Schwanz, biegsamer, gleitet tiefer. Ich werde fest gegen den Druck gepresst, und mit einem Ruck schlucke ich die letzten Zentimeter, hänge mit dem Gesicht im schwarzen Haarbusch, zwischen den Beinen des geilen Kerls. Ein heißes Rauschen durchflutet mein Nervensystem, wie ein Fieberschub, treibt mir Schweiß aus allen Poren, Tränen aus den Augen, doch ich halte es aus, bleib dran, kann nicht glauben, dass ich diesen riesigen Schwanz bis zum Anschlag in mir drin hab.

Die beiden Kerle werden lauter, geiler, wilder. Hin und her drehen sie mir den Kopf, schieben abwechselnd ihre

Schwanzkolben in mein aufgerissenes Maul, stopfen meine Kehle, die längst aufgefickt ist, keinen Schmerz mehr spürt, wie betäubt der Reibung und dem enormen Druck standhält. Jedes Mal, wenn einer der Schwänze meinen Schlund wieder freigibt, scheine ich mehr und mehr glitschigen Schleim zu produzieren, er überzieht die schwarzen Knüppel wie eine Schutzhülle, erleichtert ihnen das Hineingleiten in die heiße, gierige Maulfotze. Meine Kraft lässt nach, die zwei Männer können mich völlig willenlos leiten und benutzen, während ich nur versuche, zwischendurch schnell Atem zu schöpfen, bevor sich schon wieder ein fetter Pfropfen in meine Röhre schiebt. Ich werde aufs Bett gehievt, muss den Hengstschwanz von Antoine, der vor mir hockt, weiter bearbeiten, bis er mich hochzieht und lang und geil mit mir knutscht. Eine nasse Zunge zieht hinten meine Kerbe durch, bringt mein Loch in Stimmung. Dann spüre ich Finger in mir. Obwohl mein eigener Schwanz kaum Zeit findet, in die Höhe zu kommen, bin ich megascharf, hab die Dimensionen vom Schwanz meines Hintermanns vergessen, will, dass er ihn reinschiebt in meine Muffe, die so geil geleckt und aufgefingert wird. Mitten im Kuss hält Antoine inne, fasst mein Kinn, sein Blick bohrt sich in meine Augen, streng und herrisch, genau dann, als der andere seinen Fickbolzen ansetzt. Wie zur Beruhigung nickt Antoine mit dem Kopf, will, dass ich mich konzentriere. Trotz Vorarbeit und jeder Menge Spucke ist die Dehnung schon jetzt, wo nur die Eichelspitze eindringt, enorm. Doch der geile Bock da hinten kennt keine Gnade, drückt meinen Unterleib auf die Matratze und seinen harten Prügel in meinen Arsch. Es brennt, als ob mein Darm aufreißt, aber ich kann nicht ausweichen. Um meine Schreie zu unterdrücken, schiebt mir Antoine seine Finger in den Mund, gebietet mir, still zu sein. Ein gefährliches Funkeln in seinen Augen, eine heimliche Drohung, lässt mich verstummen. Keuchend und ächzend versuche ich verzweifelt, meine Darmmuskeln zu entspannen, oder wenigstens nicht zu verkrampfen, als der harte Kolben sich mit unablässigem Druck tiefer in meinen Arsch bohrt. Meine Fotze ergibt sich, mit einem Ruck fahren weitere Zentimeter in mich ein, der Mörser beginnt mit kleinen Fickbewegungen, weitet das Gewebe, bis das Brennen in ein unbestimmtes Schmerzgefühl übergeht, das ich aushalten kann. Die Hände geben meinen Kopf frei, und ich sinke erschöpft vornüber, genau in den Schoß vor mir. Antoine gewährt mir eine Pause, ich atme angestrengt ein und aus, während ich auf dem zuckenden Schwengel liege und von einem Schauer nach dem anderen gebeutelt werde bei den gleichmäßigen Fickstößen, mit denen mein Loch aufgesprengt wird.

Dann wird er rausgezogen, der Fickschwanz, hinterlässt ein brennendes Gefühl, eine Hitze, die sich in meinem ganzen Unterleib ausbreitet, in meinem gesamten Inneren, bis hoch zum Herz, scheint mir. An den Hüften gepackt werde ich hochgezogen, in die Hundestellung, spüre den Knüppel, der mitten hinein in mein glühendes Loch sticht, sich weiterschiebt, den Schmerz mitnimmt, ihn tiefer lenkt, nur noch stellenweise spürbar ist, ganz vorn, an der Spitze, wo noch jungfräuliches Gewebe sich gegen den Eindringling wehrt. Von weit weg höre ich die Stimmen der beiden Männer, fühle ihre Hände auf meinem verschwitzten Körper, bin wie im Rausch. Der Ficker hört auf, noch weiter Gewalt anzuwenden, um tiefer zu kommen. Stattdessen genießt er es, den aufgefickten Teil meiner Arschfotze mit langen, gleichmäßigen Stößen zu bearbeiten. Tatsächlich fühlt es sich jetzt gut an, wie mein Innerstes immer wieder aufgespreizt wird und nachgibt wie ein Gummischlauch. Der Gedanke, dass dieser riesige Schwanz mich fickt, macht mich richtig high. Es ist, als ob ich in einer anderen Dimension bin, in einem unwirklichen, geilen Traum. Und doch ist es Realität, darum schnappe ich mir nun selbst die andere schwarze Latte, die da in aller Pracht vor mir liegt. Mit einer Hand richte ich sie auf wie einen Mastbaum und stülpe meinen Mund über die blank gezogene Eichel. Ich schaffe es nicht, viel von dem langen, dicken Schaft reinzukriegen, aber Antoine lässt mich machen. Also sauge und züngle ich an dem geilen Schwanz, so gut ich kann. Nehme Anlauf und zieh mir das Ding tiefer rein, verpass ihm einen Maulfick und wehre mich nicht, als Hände mich nun doch fest draufdrücken, bis mit einem Ruck ein gutes Stück weiter reinrutscht. Mein Kopf wird auf und nieder geschüttelt, während im selben schnellen Tempo der andere Schwanz mein Loch durchknallt. Wir japsen und stöhnen alle drei wie Schwerarbeiter, aber können nicht genug kriegen.

Der Fickbolzen wird mir aus dem Arsch gerissen, ein Klaps, und ich werde umgedreht, lasse mich wie ferngesteuert in Position bringen, kriege jetzt den Schwanz von Antoine hinten rein, bin offen wie ein Scheunentor, lass mir das dicke Ding tief reinschieben, ohne Widerstand, butterweich. Der Macker zieht mich kräftig durch, packt meine

Hüften und hämmert mir seinen Prügel in die Eingeweide. Mann, ist das geil! Noch immer kann ich nicht glauben, dass ich die fetten Schwänze schaffe, aber es macht mich unheimlich scharf. Ein Griff nach hinten zeigt mir allerdings, dass der Riesenschwanz noch längst nicht ganz drin ist. Ein gutes Stück wartet noch darauf, von meiner Muffe aufgenommen zu werden. Ich beiße die Zähne zusammen, stütze mich ab und richte den Oberkörper auf, wobei ich meinem Stecher die Kiste entgegenstemme. Der Mörser dringt tiefer. Jamal stellt sich vor mich, sein Schwanz ist in Höhe meines Mundes, den er mit dem fetten Eichelpilz abklopft. Aber ich muss mich auf den Schwanz in meinem Arsch konzentrieren, beuge das Kreuz durch und werfe einen Blick über die Schulter, auf Antoine, wie er auf meinen Hintern starrt, die sexy Fresse mit den schräg gestellten Augen, den Haarschopf, die muskulösen Arme, die mich festhalten. Dann sieht er mich an, und ich nicke auffordernd, will es jetzt wissen.

Aaaaahhh! Der Schmerz ist sofort da, beherrscht mich, lässt mich zappeln und wimmern, aber die Drecksau gibt nicht nach. Ist er drin? Trotz des Schmerzes fasse ich nach hinten. Ja, er ist drin. Erleichterung schwappt durch meinen Leib, der Schmerz verebbt in Wellen. Der Schwanz bleibt bewegungslos, während ich automatisch meine Körperhaltung verlagere, bis mein Inneres das harte Ding angenommen hat. Erst dann kommen kleine, federnde Stöße, eher kurze Bewegungen, bei denen ich deutlich spüre, wie tief der Kolben in mir steckt. Dann zieht er sich zurück, langsam, ganz langsam. Meine Fotzenmuskeln sind wie betäubt, ziehen sich sofort hinter dem herausgleitenden

Stößel zusammen, ich fühle Stellen in mir, die ich noch nie zuvor wahrgenommen hab. Es wird nass und kalt am Loch. Gleitcreme! Geil! Ich bin mir sicher, dass es jetzt noch besser klappen wird! Und wirklich: Der dicke Prügel gleitet wunderbar weich in mich rein wie in ein Futteral, ganz rein, tief rein, ich knurre vor Wohlbehagen. Der Kerl hat es tatsächlich geschafft, mich total aufzumachen! Langsam und intensiv fängt er an zu ficken. Ich schwebe hoch auf Wolke hundertfünf. Hundertsechs, hundertsieben … ahhhh! Das Gefühl übermannt mich, keine Chance für den harten Schwanz von Jamal, mein Maul zu erobern, so sehr er auch anklopft. Ich sinke auf die Matratze, halte die Kiste hin und lass mich von dem dicken, fetten, schwarzen Zauberstab ficken. Ist das geil!

Doch Jamal ist nicht gewillt, nur zuzusehen. Er geht neben mir in die Hocke und drückt mir seine Finger in den Mund, zieht mich an sich ran, bis er die dicke Kuppe zwischen meine Lippen kriegt. Ich lass es zu, bin willenlos, weichgevögelt, aufgebohrt, durchgenagelt, reiß mein Maul auf und lass den harten Kolben rein, tiefer, gegen den Schluckreflex, ein Widerstand, dann rutscht er in die Kehle. Die beiden dicken Schwänze ficken meine Löcher grob und rücksichtslos, halten meine Hände hinterm Rücken fest, als ich aufbegehren will, weg will, Pause will. Ein Schalter kippt, ich gebe auf, mach auf, bin nur noch Loch, vorne und hinten, oben und unten, gestopft von diesen großen, geilen Kerlen, die sich austoben, keine Gnade kennen.

Im Wechsel nutzen sie meinen Zustand aus, wenden und drehen mich, wie es ihnen passt, ficken mich in allen

Positionen auf dem Bett. Jamal setzt sich auf die Kante, macht, dass ich mich auf seinen Hengstschwanz setze, mit dem Rücken zu ihm, steht dann auf und hebt mich federleicht hoch, hält mich in den Kniebeugen, während er mich auf seinem Schwanz auf und ab tanzen lässt, dabei dem anderen zeigt, wie mein Loch gefickt wird. Antoine lacht dreckig, kommt ran und knutscht mit mir, während ich mit gespreizten Beinen vor ihm auf dem Schwanz seines Kumpels stecke. Ich halte mich an seinen Schultern fest und registriere, dass er versucht, seine Kuppe mit dazu zu stecken, in mein bereits zum Äußersten gestopftes Loch. Es klappt nicht, keine Chance.

»*Merde*«, flucht Antoine.

Aber ich hänge ganz praktisch zwischen den beiden, sodass Jamal leicht aus mir raus kann, ohne mich loszulassen, und nun kann Antoine mir seinen Kolben reinschieben. Dieses Spiel wiederholen die zwei ein paar Mal, bevor Jamal mich aufs Bett kippt, ranzieht und mich von hinten durchhobelt wie ein Besessener. Ich höre mein eigenes Stöhnen und Ächzen, greife mir zwischen die Beine und bin überrascht, dass ich einen Ständer hab. Nicht ganz hart, aber doch geil. Er läuft aus, die langen, harten Striche über meine Prostata treiben mir den Saft aus den Eiern. Und dann entlädt sich Jamal mit bösem Knurren in mir. Wie Balsam wirkt die Samensoße auf meinen wunden Fickdarm, das stetige Brennen geht in ein geiles Hitzegefühl über, der gut geschmierte Schwanz rutscht leichter rein und raus. Ich versuche, meine Muskeln zu bewegen, will ihn abmelken, aber vergebens, sie sind zu kraftlos, völlig entspannt.

Antoine kann es kaum erwarten, an meine Spermafotze ranzukommen, also macht Jamal Platz, und schon schiebt er mir seinen fetten Prügel rein. Und das klappt wunderbar, jetzt bin ich doch froh um die Entspannung, die mich immer noch weich macht, ich lasse mich durchziehen wie ein heißes Stück Fickfleisch. Der Schwanz fickt so schnell jetzt, dass das Sperma in meinem Loch zu Schaum geschlagen wird, rausquillt, meine Fotze zum Schmatzen bringt, sich endlos gut anfühlt. Der Kerl drückt mich auf die Matratze, vögelt mir das Hirn raus, scheint unbändige Kraft zu haben, hämmert weiter, brüllt derbe Schimpfworte raus, wird angefeuert von seinem Kumpel, und spritzt dann mit einem Aufschrei seine Ladung in meinen Arsch. Ich bin so aufgefickt, dass ich den Schwanz kaum noch spüre, aber die warme Soße, die aus mir rausläuft, die spüre ich. Und als der Pfropfen aus mir rausrutscht, kommt ein ganzer Schwall raus.

Ich bin völlig erledigt! An den eigenen Orgasmus ist gar nicht zu denken, ich hab keine Kraft mehr. Aber mein Schwanz liegt in einer richtigen Saftpfütze unter mir, weil ich sowieso ausgelaufen bin wie ein Kieslaster. Und mir geht's riiiiichtig gut, mmmhhmm …

Die beiden schwarzen Hengste schmeißen sich links und rechts neben mich aufs Bett und ringen nach Atem, lachen aber wie bekifft zwischendrin, scheinen ziemlich happy. Wir liegen noch eine Weile entspannt da, nachdem wir langsam runtergekommen sind, dann beugt sich Jamal zu mir und sagt, dass wir jetzt duschen gehen. Die beiden stehen auf. Es kostet mich ganz schön Willenskraft, meinen müden Körper hochzukriegen.

Alte Baustelle – Neue Männer

Wir duschten im luxuriösen Wellness-Bereich, es war genial. Während die Tropenschauer-Dusche uns berieselte, knutschten wir miteinander, bis ich wieder in die Knie gedrückt wurde und die Schwänze abwechselnd lutschte. Antoine fickte mich sogar noch mal kurz, aber dann beschlossen wir, doch lieber einfach nur die Dusche zu genießen. Die beiden waren genauso groggy wie ich.

Sie fragten mich, wo ich übernachten würde. Ich erklärte in holprigem Französisch, dass ich auf der Baustelle am Geothermie Kraftwerk arbeite.

»Ah, Geothermic«, das verstanden sie und lachten. Ja, da arbeiteten sie auch. Wow, die waren mir bisher nicht aufgefallen! Sie schlugen vor, zusammen zurückzufahren. Als ich sie erinnerte, dass ihr Kumpel noch im Haus war, winkte Jamal nur ab: *»Il est son propre maître.«* Er ist sein eigener Herr. Na dann …

Antoine hatte eine Karre, einen alten Volvo. Wir rauschten durch die Nacht, ich mit den zwei geilen schwarzen Typen, und das Grinsen wollte nicht aus meinem Gesicht verschwinden. War *das* ein geiler Abend gewesen! Ich freute mich jetzt schon, die zwei ab und zu mal auf der Baustelle zu sehen. Wir verabschiedeten uns am Tor ganz unspektakulär und unverbindlich, dann trabte ich zu meiner Bude. Milan lag schon im Bett, war aber noch wach. Als ich mir aus dem Kühlschrank eine Flasche Wasser holte und an ihm vorbei ging, setzte er sich auf.

»Du riechst nach Sex«, meinte er schläfrig und nur so als Feststellung.

»Kann gar nicht sein, ich hab geduscht«, erwiderte ich ungerührt.

Milan kicherte. »Reingelegt«, sagte er nur und legte sich lang, deckte sich zu.

Idiot!

Das Ereignis mit dem Blindgänger veränderte den Mikrokosmos der Baustelle mehr, als ich erwartet hätte. Für die lokale Presse, aber auch für ein paar überregionale Medien, waren die Baustelle und ihre Bewohner tagelang Thema. Es kamen jede Menge neugierige Journalisten und Fotografen und auch ein paar Polit-Nasen. Abgesehen von der Explosion und den Folgen interessierte man sich auch für das, was hier geplant und gebaut wurde. Sogar ich wurde morgens auf dem Weg zur Schicht von so einem Heini angehalten, der mich interviewen wollte, aber ich konnte ihn abwimmeln. Ich hatte keine Lust, über die Arbeit hier zu reden, und alles, was darüber hinaus ging, davon hatte ich viel zu wenig Ahnung, beteuerte ich dem Typ, der sich damit zufriedengab und abschwirrte, um sich ein anderes Opfer zu suchen.

Trotzdem gab es reichlich Propaganda, und das war für

Menkovitz und die dicken Industrie-Bosse ein gefundenes Fressen. Plötzlich fanden sich Investoren, aber auch Politiker, die sich für das Projekt stark machten. Wie es sich zeigte, bedeutete das für mich, dass ich nicht länger gebraucht wurde. Jedenfalls nicht außerhalb der Baustelle. Besser gesagt: Kein Mensch interessierte sich mehr für meinen Arsch. Kein Bedarf mehr an Frischfleisch, um die Geldgeber bei der Stange zu halten.

Die tägliche Arbeit verlief relativ reibungslos, und bald kehrte wieder Routine ein. Leo hatte die Operation gut überstanden, ich hatte ein paar Mal mit ihm telefoniert. Die Gespräche verliefen schleppend, nachdem wir uns auf den neusten Stand gebracht hatten. Wir hatten uns nicht so richtig was zu sagen, vor allem nicht auf die Entfernung. Das war jedenfalls mein Gefühl, aber ich glaube, Leo ging es genauso. Ich war es nicht gewohnt, so eine Art von Fernbeziehung zu haben. Eigentlich war ich keine Art von Beziehung gewohnt, darum wurde die Situation mehr und mehr klemmig und irgendwie auch lästig. Als Leo mir erzählte, dass er von den ›Jungs‹, wie er die Kumpels von Max nannte, zu einer dreiwöchigen Kreuzfahrt eingeladen war – »Auf einer Jacht! Quasi als Reha nach der ganzen Scheiße« – war ich ehrlich gesagt froh. Ich wünschte ihm viel Spaß und weiterhin gute Besserung und rief ihn nicht mehr an. Auch er meldete sich nicht mehr.

Menkovitz ließ mich in Ruhe, jedenfalls behandelte er mich wie jeden anderen auch. In den vergangenen paar Tagen hatte ich mich mehr oder weniger abends zurückgezogen. Es passte mir gut, dass Milan beschäftigt war. Er ging jeden Abend weg, ohne mir zu erzählen, wohin, obwohl ich ein paar Mal versuchte, was herauszubekommen. Aber er telefonierte öfter als sonst, und es war ziemlich klar, dass eine Tussi dran war. Ich hörte, wie er »Jenny« sagte, und das war nicht seine Ehefrau, das war sicher. Die hieß ganz anders. Also hatte er sich eine hier in der Gegend angelacht. Von mir aus …

Ich genoss die ruhigen Abende, fand einen dicken Roman – der reinste Kitsch! –, den einer der früheren Bewohner hatte liegen lassen, und schmökerte gemütlich vor mich hin, konnte manchmal das Ende der Schicht nicht erwarten, so gespannt war ich, wie es weiter ging. Hatte keine Lust auf Sex und sagte Wilhelm und Michi ab, die mich mehrfach einluden. Dachte auch nicht an Jamal und Antoine oder sonst einen der Kerle, die sich hier auf der Baustelle herumtrieben und die ich bestimmt finden würde, wenn ich sie suchte. Aber das interessierte mich nicht.

Bis ich zu dieser Stelle kam, wo der Sohn des Gutsbesitzers nachts nicht schlafen kann und in die Stallungen geht, um seinem Lieblingshengst Sharik einen Besuch abzustatten. Und da ist dieser Stallbursche, ein junger, kräftiger Schwarzer, mit dem er ins Gespräch kommt …

Obwohl klar war, dass keinerlei schwule Handlung laufen würde, verselbstständigten sich meine Gedanken. Ein Stall, schnaubende Pferde, eine laue Sommernacht im Süden der USA, der attraktive, reiche Sohn, der selbstbewusste Stallbursche, da brauchte ich nicht viel Fantasie, wie es weitergehen könnte! Unwillkürlich fasste ich an meine Beule. Mein Schwanz reagierte prompt, und mit einem Mal war ich geil. Ich sah auf die Uhr. Kurz nach zehn. Noch nicht spät, hmmmm …

Unentschlossen stehe ich auf und rauche draußen eine Zigarette. Wirklich, eine laue Nacht. Ein paar Kumpels sitzen irgendwo draußen, ich höre sie reden oder telefonieren, aber zu sehen ist keiner. Unten erkenne ich in einiger Entfernung einen Mann, wie er im Licht eines Scheinwerferkegels übers Gelände schlendert. Er geht in Richtung der Lagerhallen. Der Gedanke an die Lagerhallen macht mich unruhig, da ist sicher was los bei dem Wetter. Es ist beinah Neumond, lediglich eine schmale Sichel steht am Nachthimmel, darum liegen die Hallen vollkommen im Dunklen. Trotzdem fühle ich mich magisch angezogen.

Mit neu erwachten Lebensgeistern steige ich die Treppen runter und wandere langsam, ohne Eile, los. Auf dem Weg, der über zehn Minuten dauert, werde ich richtig geil. Spüre, wie mein Herz klopft und ich nichts anderes mehr als Sex im Kopf habe. Als ich bei den Hallen ankomme, spähe ich nach Schatten, die mir verraten, wo eventuell *Action* sein kann. Nichts. Ich biege in einen der Zwischengänge ein – und sehe eine Zigarette glühen! So lässig wie möglich schlendere ich hin und erkenne schemenhaft einen Mann, der an der Wand lehnt und vor sich hin pafft. Ich gehe hin und frage nach einer Kippe, die er mir wortlos anbietet. Ich zünde sie an und versuche, beim Feuerschein einen Blick auf ihn zu erhaschen. Es ist ein Typ mit Vollbart und Glatze, ziemlich sexy. Er scheint mich zu mustern, und eine Hand rutscht in seine Hosentasche – knielange Armyhosen –, kneten die Beule. Ich mache einen Schritt näher ran und werde sofort geil, denn der Kerl riecht unheimlich gut. Warm und wollig. Schlecht zu beschreiben. Als ob die Luft um dich herum plötzlich schwerer wird, schwerer zu atmen. Einem jeder Atemzug bewusst wird. Manchmal werde ich am helllichten Tag bei der Arbeit geil, bloß weil ein Kerl neben mir so einen geilen Duft verströmt.

Ich steh da drauf, ist so ein Ding von mir.

FALCON
STUDIOS.COM